Gulliver Taschenbuch 778

Charlotte Kerner, geboren 1950 in Speyer. Studium der Volkswirtschaft, Soziologie, Studienaufenthalte in Kanada und China. Seit 1980 ist sie nur noch schreibend tätig. Sie lebt in Lübeck und arbeitet als freie Journalistin und Buchautorin. Im Programm Beltz & Gelberg erschienen außer der vorliegenden Biographie die Bücher *Kinderkriegen. Ein Nachdenkbuch*; *Lise, Atomphysikerin. Die Lebensgeschichte der Lise Meitner* (Deutscher Jugendliteraturpreis); *Geboren 1999. Eine Zukunftsgeschichte* (Auswahlliste zum Deutschen Jugendliteraturpreis); *»Alle Schönheit des Himmels«. Die Lebensgeschichte der Hildegard von Bingen* sowie, herausgegeben von Charlotte Kerner, die beiden Anthologien über Frauen, die den Nobelpreis bekamen *Nicht nur Madame Curie ...* (Auswahlliste zum Deutschen Jugendliteraturpreis) und *Madame Curie und ihre Schwestern*. Charlotte Kerner wurde mit dem GEDOK-Literaturpreis ausgezeichnet.

Charlotte Kerner

Seidenraupe, Dschungelblüte

*Die Lebensgeschichte der
Maria Sibylla Merian*

Seidenraupe, Dschungelblüte kam auf die
Auswahlliste zum Deutschen Jugendliteraturpreis.

Gulliver Taschenbuch 778
© 1988, 1998 Beltz Verlag, Weinheim und Basel
Programm Beltz & Gelberg, Weinheim
Alle Rechte vorbehalten
Einband und Reihenkonzeption von Max Bartholl
Einbandbild von Willi Glasauer
Gesamtherstellung Druckhaus Beltz, 69494 Hemsbach
Printed in Germany
ISBN 3 407 78778 2
1 2 3 4 5   02 01 00 99 98

Inhalt

Seite 7
Das ist Merians Tochter
*Kindheit und Jugend in Frankfurt am Main,
künstlerische Ausbildung, erste Beobachtung von
Seidenraupen und Schmetterlingen
1647-1665*

Seite 28
Mit großem Fleiß, Zier und Geist
*Ehe mit Johann Andreas Graff,
Geburt der ersten Tochter, Umzug nach Nürnberg,
Herausgabe des Blumenbuches,
Geburt der zweiten Tochter
1665-1678*

Seite 50
Der Raupen wunderbare Verwandlung
*Veröffentlichung des Raupenbuches,
Ehekrise, Rückkehr nach Frankfurt,
Trennung von ihrem Mann
1678-1685*

Seite 74
Sucht nicht meine, sondern Gottes Ehre
*In der Labadistengemeinde in Holland,
erste Kontakte mit Surinam,
Tod des Bruders und der Mutter
1685-1691*

Seite 88
Geduld ist ein gut Kräutlein
*Neubeginn in Amsterdam, Fortbildung und Studien,
Vorbereitung der Reise nach Surinam
1691-1699*

Seite 97
Eine schwere, kostbare Reise
*Im Dschungel von Surinam,
Beobachtungen und Sammeln von
Pflanzen und Tieren
1699-1701*

Seite 116
Das ganze Werk getan
*Rückkehr nach Amsterdam,
Arbeit an dem Buch über die Insekten von Surinam,
Herausgabe ihres Hauptwerkes,
Lebensabend
1701-1717*

Seite 133
Nachwort
*Das Schicksal ihrer Bücher
Regenwald und Sommervögel – wo sind sie geblieben?*

Seite 143
Quellenverzeichnis

Seite 148
Nachweis der Zitate
Bildnachweis

Das ist Merians Tochter

Kindheit und Jugend in Frankfurt am Main, künstlerische Ausbildung, erste Beobachtung von Seidenraupen und Schmetterlingen

1647–1665

Ihren Vater hat Maria Sibylla Merian kaum gekannt. Als sie am 2. April 1647 in Frankfurt am Main geboren wird, ist der berühmte Kupferstecher und Buchverleger Matthäus Merian bereits ein alter und kranker Mann, der bald sterben wird. Bei ihrer Geburt wütet der Dreißigjährige Krieg noch in Europa.

Matthäus Merian hat den Krieg, der im Jahre 1618 begann, und dessen Schrecken während vieler Reisen erlebt. Er stach den Tod Wallensteins in Kupfer und die Belagerung von Prag und Magdeburg.

In dem Vorwort zu einem Band der berühmten »Topographia Germaniae«, in denen seine heute noch bekannten Städteansichten erschienen sind, klagte er: Gott möge doch seine Zuchtrute bald ins Feuer werfen, damit es ein Ende gäbe. Trotz der Kriegswirren arbeitete er unermüdlich, sein Geschäft in der Mainstadt war gut organisiert, und er versäumte keine der Frankfurter Messen, die auch in Kriegszeiten Besucher anlockten, wenn auch die Umsätze sanken. Matthäus

Merian trotzte dem Krieg sein Werk ab, was ihn viel Kraft und seine Gesundheit kostete.

Das Leben in der Reichsstadt Frankfurt war damals gefährlich. Die Pest forderte ihre Opfer, Hungersnöte suchten die Stadt heim, und es war üblich, »alle unmöglichen Dinge zur Füllung des Leibes zu verwenden«. Über Fälle von Kannibalismus wurde berichtet: Der 1621 geborene älteste Sohn des Kupferstechers, Matthäus Merian der Jüngere genannt, soll auf der Zeil nur knapp einem Anschlag entgangen sein. Mordbuben versuchten ihn wie ein Stück Vieh mit einem Strick zu fangen, sie wollten ihn töten und verzehren.

Im Jahre 1645 verlor Matthäus Merian der Ältere seine erste Frau, Maria Magdalena de Bry. Durch sie war der gebürtige Basler nach Frankfurt gekommen und Bürger der Reichsstadt geworden. Er hatte in das Unternehmen seines Schwiegervaters eingeheiratet, nach dessen Ableben das Geschäft übernommen und es zum berühmten Merianschen Verlagshaus gemacht. Sechs Kinder blieben dem Witwer; zum Glück waren die meisten erwachsen und versorgt, nur der jüngste Sohn zählte gerade erst zehn Jahre. Nach einem Trauerjahr heiratete Matthäus Merian wieder, seine Auserwählte war Johanna Sybilla Heim, die Tochter eines Finanzbeamten. Es war wohl nicht nur eine Liebesehe, auch die Vernunft spielte mit. In einem Brief an die Frankfurter Ratsherren, in dem Merian um eine Privattrauung in den eigenen vier Wänden nachsuchte, betonte er, daß »ich mit mancherlei Schwachheiten immerzu zeitlich überfallen werde, in solchem Zustand treue Hilfe und Wartung brauche ...«*

Die zweite Frau Merian soll eine »hausbackene, in Geldsachen wohlversierte Dame« gewesen sein, lebenstüchtig und streng. Für das »reiche Talent ihres Gatten« wie für die Kunst überhaupt hatte sie angeblich nichts übrig. Die Kinder aus Merians erster Ehe sahen in ihr »eine Stiefmutter, wie sie im Buche steht«.

Am Sonntag, dem 4. April 1647, streicht ein Frankfurter Amtsschreiber im »Taufbuch No 10 decamo 1642–1647« das Blatt 292 glatt. Er registriert zwei Tage nach der Geburt die Taufe der Erstgeborenen aus Merians neuer Ehe. Das Mädchen soll »Maria Sibylla« heißen. Den Vornamen für die Tochter bildet der stolze Vater aus den Namen seiner beiden Ehefrauen. In ihrem späteren Leben nimmt es Merians Tochter mit der Schreibweise von Sibylla nicht so genau: Sie vertauscht das i und das y, verwendet zwei i oder nur

---

* Wegen der Lesbarkeit habe ich die Rechtschreibung und Zeichensetzung der meisten alten Texte der heutigen Schreibweise behutsam angeglichen. Auch die Zitate aus den Werken und Büchern der Maria Sibylla Merian sind so überarbeitet, daß sie leichter zu lesen und damit verständlicher sind. Dabei habe ich mich bemüht, den Charakter der alten Texte zu erhalten. Deshalb finden sich an manchen Stellen – wo es das Verständnis nicht unbedingt, aber die Anschaulichkeit erfordert – noch alte Wortformen, die heute Rechtschreibfehler wären.

ein l. In diesem Buch wird ihr Name immer so geschrieben, wie er im Taufbuch steht: Maria Sibylla.

Als Merians Tochter eineinhalb Jahre alt ist, schließen die Kriegsparteien in Münster und Osnabrück Frieden. Dieser »Westfälische Friede« beendet den Dreißigjährigen Krieg, der in Mitteleuropa über 15 000 Dörfer vernichtet und zwischen den Jahren 1618 und 1648 über die Hälfte der deutschen Bevölkerung hinweggerafft hat: Von 17 Millionen Menschen überlebten nur acht Millionen diese schreckliche Zeit. Kein Wunder, daß die Frankfurter den lang ersehnten Frieden mit Dankgottesdiensten feiern. Die Glocken der Kirchtürme läuten, Freudenfeuer brennen auf dem Main, und Kanonendonner läßt die Luft erzittern, diesmal sind es Freudenschüsse.

Matthäus Merian arbeitet unermüdlich weiter, doch die weltlichen und kirchlichen Fürsten geizen nach dem Krieg mit Aufträgen, seine Schulden und Sorgen werden nicht kleiner. Der kränkelnde Mann spürt den nahen Tod, und deshalb schreibt er 1649 im Vorwort zu einer neuen Auflage seiner Kupferstiche des Baseler Totentanzes: Er wisse keinen besseren Ausdruck der »Liebe zu seinen Nehesten …, als sie an diesen wunderlichen Tantz [den Totentanz] zu erinnern«, denn kein einziger Mensch komme an diesem Reigen vorbei.

In dem letzten Jahr, das ihm bleibt, ordnet Merian an, daß Maria Sibylla nachträglich einen Platz auf dem

Merianschen Familienporträt bekommt. Sein Sohn, Matthäus Merian der Jüngere, hat das wuchtige Ölbild bereits im Jahre 1642 gemalt. Durch die gespreizte Hand auf der Brust gibt sich der Künstler selbstbewußt zu erkennen. Ein Totenschädel liegt neben dem Vater, der seinen ältesten Sohn anblickt. Zwei Töchter stehen rechts und links von Merians erster Frau Maria Magdalena. Der 1627 geborene Caspar, der auch als Kupferstecher im väterlichen Betrieb arbeitet, hält einen Plan hoch, über den die Merian-Männer sprechen, wie das Familienoberhaupt durch eine Handgeste andeutet. Antik anmutende Gewänder umhüllen die Familie, das verlangt der Pariser Geschmack zur Zeit Ludwigs des XIII., an dem sich auch die Deutschen orientieren. Modisch auch der schräg drapierte Stoff im Hintergrund, die klassische Steinsäule und ein Terrassengeländer, das den Blick in einen Garten freigibt.

Alltagskleidung tragen die zwei Kinder am rechten Bildrand, der 1635 geborene Joachim, der später »Stadtphysikus«, also Arzt, in Frankfurt wird, und die dreijährige Maria Sibylla. Mühelos hält die pummelige Kleine, die ein türkisblaues Kleidchen mit Puffärmeln trägt, einen wuchtigen, aus Gips nachgebildeten antiken Kopf. Es ist das Haupt des sterbenden Laokoon. Doch Deutungen sind fehl am Platze: Der Maler will einfach nicht auf den Kopf verzichten, den er im Pariser Louvre kopiert hat und der das sichtbare Zeugnis seiner Bildungsreise ist. Und so gibt Matthäus Merian der Jüngere das Haupt des Laokoon der kleinen Schwester einfach in die Arme. Etwas verloren steht Maria Sibylla vor den älteren Halbgeschwistern. Auch im wirklichen Leben verbindet diese Menschen wenig, nur Bruder Caspar wird in Maria Sibyllas Leben noch eine wichtige Rolle spielen.

Matthäus Merian muß seine kleine Tochter sehr geliebt haben, das zeigt der Wunsch, sie nachträglich auf dem Familienporträt zu verewigen. Das heranwachsende Kind ist ihm sicher auch Trost und Hoffnung in Alter und Krankheit. Merian reist zu einem Heilbrunnen, doch während der Kur in Bad Schwalbach stirbt er. In den letzten Stunden wacht neben ihm seine Frau mit den Kindern. Bevor Matthäus Merian am 19. Mai 1650 – er ist 58 Jahre alt – für immer die Augen schließt, deutet er mit der Hand auf seine Tochter und prophezeit: »Bin ich schon nicht mehr da, wird man noch sagen: Das ist Merians Tochter.«

Wohl mehr einen Wunsch als Gewißheit drücken seine letzten Worte aus, die überliefert, aber nicht genau belegt sind. Als er diese Worte spricht, ist Maria Sibylla gerade drei Jahre alt, und ihre Kinderzeichnungen offenbaren wohl kaum die zukünftige Künstlerin. Doch ihr Vater wird mit seiner Ahnung recht behalten.

Sicher hat die Mutter später Maria Sibylla diese Sterbeszene oft geschildert, wenn das Kind nach dem

Vater fragt, dessen früher Verlust ein einschneidendes Erlebnis war und sie stark beschäftigt hat. Seine letzten Worte begleiten das Kind, als es heranwächst, und prägen sich ihm ein, als Liebesbeweis und gleichzeitig als Ansporn. Es ist vorstellbar, daß Maria Sibylla sich diesen väterlichen Worten ihr Leben lang verpflichtet fühlt und es zeitweise auch als Bürde empfindet, dem Namen Merian Ehre machen zu müssen. Ist es diese Verpflichtung, die mit dazu beiträgt, daß sie zu einem ernsten und nachdenklichen Kind heranwächst?

Matthäus Merian wird auf dem Sankt Peterskirchhof in Frankfurt begraben. Im August 1650 kehrt Merians ältester Sohn von einer Reise nach Norddeutschland zurück. Er berichtet in seiner Selbstbiographie, daß er in Frankfurt »alles im betrübten Stand antroffen, weilen lauter hungrige Brüder und Schwestern mit einer Stiefmutter vorhanden waren, so nur nach guter Erbschaft und nicht Fortsetzung der Handlung inclinierten. Worauf zur Teilung geschritten wurde, meine Stiefmutter und ihre beiden Kinder bekamen die Hälfte der Barbierkunst [gemeint ist Radierkunst], Schildereien und Mobilien mit einem schönen Stück Geld ...«

Der unfreundliche Ton deutet auf Erbauseinandersetzungen hin. Matthäus Merian der Jüngere führt mit Bruder Caspar und seinem Schwager das Verlagshaus ohne Schwierigkeiten und ohne neue Schulden weiter.

Die Stiefmutter zahlt er mit 1200 Gulden und ihre beiden Kinder mit je 1300 Gulden aus. Das »schöne Stück Geld« ist also gar nicht so besonders üppig ausgefallen, und sicher entspricht es nicht dem Wert und den zukünftigen Gewinnen, die das Werk des alten Merian abwirft.

Nach der Erbschaft lebt die Witwe Merian also keineswegs in Saus und Braus. Ihr verstorbener Mann hatte es zwar zu einem großen Namen, aber zu keinem großen Privatvermögen gebracht. Ein eigenes Haus hinterläßt er der Familie nicht. Sie wohnen zur Miete in der Nähe des Karmeliterklosters im Frankfurter Stadtzentrum. Der Hausrat ist bescheiden, im Keller lagern nur vier Ohm* alten und ein Ohm neuen Weines. Neben 333 Reichstalern, fünf goldenen Ringen und elf silbervergoldeten Bechern verzeichnet eine Inventarliste noch zwei Gemälde und Wachsfiguren.

Im Sommer 1651 heiratet Maria Sibyllas Mutter wieder. Ihr zweiter Ehemann wird der aus Frankental stammende Jacob Morell**, ein 37jähriger Witwer. Matthäus Merian der Jüngere nennt Morell verächtlich »einen kleinen Maler«. Dieses hochmütige, abfällige Urteil kennzeichnet die angespannte Beziehung der Merians untereinander, denn Morell hatte sich als Maler von Stilleben und Blumenbildern durchaus einen

---

* Ohm ist ein altes Flüssigkeitsmaß, das aus dem griechischen Wort für Wassereimer entstanden ist.
** manchmal auch Marell, Marrell und Morrell geschrieben

Namen gemacht. Er hatte bei berühmten Meistern in Frankfurt und Utrecht sein Handwerk gelernt, und weil er eine Erbschaft gemacht hatte, war er nach Deutschland zurückgekehrt, um sich in Frankfurt mit einer Malerwerkstatt niederzulassen. Dort handelt Morell aufgrund der alten Verbindungen zu Holland nebenher weiter mit niederländischen Meistern.

Für Maria Sibylla ist die zweite Heirat der Mutter ein Glücksfall. Sie wächst zwischen Staffeleien und Farbtöpfen auf und beobachtet die Schüler des Stiefvaters in der Malerwerkstatt. Überall findet sie etwas zum Schauen und Staunen: niederländische Ölgemälde, Blumenbilder und Kupferstiche. Morell bringt von seinen Reisen ständig neue Bilder und Bücher mit.

Maria Sibylla stöbert auch in den alten Büchern ihres Vaters, der seiner Familie über fünfhundert davon hinterlassen hat, darunter viele mit »Holzschnitten und Kupferstücken«. Sie bewundert das berühmte Blumenbuch des alten de Bry, des Schwiegervaters von Matthäus Merian dem Älteren. Und fasziniert betrachtet sie die bizarre Tierwelt, die ihr Vater in Kupferstichen lebendig werden ließ. Noch in seinem letzten Lebensjahr hatte er eine fünfbändige Naturgeschichte illustriert – mit 2859 Abbildungen! Da tummeln sich Pferde und Kamele, Löwen und Einhörner, Fische und Krebse, Schlangen und Drachen, Bienen und Käfer und natürlich Raupen und Schmetterlinge. Doch diese sind abgebildet in Reih und Glied wie Soldaten, sie wirken so leblos wie die präparierten Tiere in einem Schaukasten. Maria Sibylla wird diese starre Darstellungsweise des Vaters einmal weit hinter sich lassen und wirklich »nach der Natur« malen.

Die Menschen des Spätbarocks begeistern sich für fremde Länder und unbekannte Tiere; Amerika und der Ferne Osten sind noch nicht lange entdeckt. Ein Stück dieser neuen, fremden und faszinierenden Welt holen sie sich gerne ins eigene Land: Botanische Gärten und Tiergehege entstehen. Reiche Naturliebhaber legen sich Raritätenkabinette zu mit ausgestopften Tieren und getrockneten Pflanzen. Dieses Interesse birgt auch den Keim der modernen naturwissenschaftlichen Forschung in sich. Zum Beispiel beginnt man, in der Biologie durch genaue Beobachtung zu neuen Erkenntnissen zu gelangen. Maria Sibylla wächst in einer Zeit auf, in der ein forschender Geist seinen Platz finden kann.

Merians Tochter wird in einer häuslichen Umgebung groß, die ihre künstlerischen Neigungen fördert oder gar erst hervorbringt. Im Hause Morell-Merian ist außerdem das harte Verlagsgeschäft ein ständiger Gesprächsstoff, dreht sich alles um die Malwerkstatt und den Bilderhandel. Von klein auf sammelt sie – fast nebenbei – Eindrücke und macht Erfahrungen, die ihr eines klar vor Augen führen: ein Leben als Verleger, Künstler und Maler ist ein hartes Brot.

Bereits neun Jahre nach dem Westfälischen Frieden – Maria Sibylla ist zehn Jahre alt – können sich die Frankfurter wieder an großen Sehenswürdigkeiten erfreuen: Zwei Komödiantentruppen, eine Reit- und Fechtschule und ein Glückshafen vertreiben den Bürgern die Zeit. Zu Pfingsten feiern die Bäcker auch wieder ihr Zunftfest in weißen Hemden und Schürzen, und die Fischer laden zur Kirchweih am Schaumaintor mit dem traditionellen Gänserupfen ein. Von einem Nachen aus versuchen Wagemutige einer Gans den Kopf abzureißen, die vom Brückenbogen nach unten hängt, wobei die Burschen zum Vergnügen der Zuschauer oft ins Wasser plumpsen. Auf den Frankfurter Messen treffen sich wieder Tuch-, Metall- und Gewürzhändler aus aller Welt. Besonders die Buchmesse bringt allerlei Neuigkeiten in die Stadt: Flugschriften berichten von wunderbaren Himmelszeichen oder von einer »Schiffahrt beim Nordpol nach Japan und China«. Während der Messen führen Schausteller im Nürnberger Hof »Raritäten aus Asien, Amerika und Afrika« vor; sie lassen Affen tanzen und Pferde durch Reifen springen. Wundersame mechanische Werke sind ausgestellt, zum Beispiel »ein Wagen, der von selbst fortgegangen durch ein Rädlein«. Während des Messerummels gibt es in der Reichsstadt immer allerlei zu sehen, und zum Glück hat Maria Sibylla jedesmal schulfrei.

Der Rat der Stadt hat den Schulbesuch inzwischen

verbindlich gemacht. Damit auch armer Leute Kinder zur Schule gehen können, muß jeder Schulmeister drei Kinder umsonst unterrichten. Die Schule dauert im Sommer von halb sieben bis neun Uhr und von eins bis vier. Im Winter beginnt der Morgenunterricht eine Stunde später, und immer mittwochs und samstags nachmittags haben die Kinder frei.

An einigen dieser freien Nachmittage schlendert Maria Sibylla zuweilen zum Merianschen Verlagshaus. Ihr Halbbruder Caspar freut sich über die Besuche des kleinen Mädchens. Im Jahre 1658 kann sie gespannt verfolgen, mit welcher Sorgfalt er die Frankfurter Kaiserkrönung Leopolds des Ersten festhält. Vom ersten Herold bis zur letzten Kutsche sticht Caspar den Einzug eines jeden Kurfürsten in Kupfer, der sich in dem »Krönungsdiarium« über eine ganze Doppelseite schlängelt. Wie heute ein Fotograf dokumentiert er die Krönungszeremonie und das Fest auf dem Römerberg für die Zeitgenossen und die Nachwelt. Die Kriegswunden sind inzwischen verheilt. Anläßlich der Kaiserkrönung zeigt Frankfurt Wohlhabenheit, wetteifern die Herrscher der deutschen Kleinstaaten in barockem Prunk.

Maria Sibylla lernt Lesen, Schreiben und Rechnen, aber kein Latein. Zu Hause muß sie Zitate aus der Bibel auswendig lernen, und Kochen, Sticken und Nähen sind sowieso Mädchenpflicht. Im Hause Merian-

Morell führt Frau Johanna Sybilla die heranwachsende Tochter mit strenger Hand. Ein Chronist aus dem 18. Jahrhundert schreibt über Maria Sibyllas Kindheit: »Die Mutter hielt sie in altmodischer, harter Zucht, das Mädchen sollte eine brave, schaffige Hausfrau werden.« Doch sie zeigt andere Anlagen.

Irgendwann beginnt Maria Sibylla zu malen. Sie übt auf dem Dachboden, wo sie sich heimlich eine Werkstatt für ihre Malversuche eingerichtet hat. Bei Nacht soll sie – so ist überliefert – sogar in den Garten eines Grafen geschlichen sein, um dort Tulpen zu pflücken oder auszugraben. Sie wollte die Pflanze malen und brauchte dazu das natürliche Modell. Als der Tulpenfreund den Verlust der kostbaren Stücke entdeckte, für die damals Unsummen gezahlt wurden, war der adlige Herr außer sich. Er legte sich auf die Lauer und erwischte die kleine Diebin. Das gab ein Donnerwetter zu Hause! Unter Tränen gestand Maria Sibylla ihr Vergehen und erklärte, warum sie die Tulpen gepflückt hatte. Die ungläubigen Erwachsenen verlangten zum Beweis, ihre Zeichnungen zu sehen. Als der Graf seine Tulpe wiedersah, die auf dem Aquarell nicht minder schön als in seinem Garten leuchtete, war er beeindruckt und gerührt zugleich und ließ Gnade vor Recht ergehen. Als Entschädigung bat er die kleine Künstlerin nur um die Zeichnung.

Auf diese Weise erfährt Jacob Morell zum erstenmal von der Neigung und Begabung seiner Stieftochter und ihrer geheimen Malwerkstatt unterm Dach. Mit der Mutter kommt es weiterhin zu »harten unfreundlichen Begegnungen«. Doch Maria Sibylla läßt sich, so schreibt der Chronist weiter, »diesen Geschmack, der in ihrem elften Jahr schon so ausgezeichnet war, nicht benehmen. Sie trug alles mit einer ihr würdigen Beständigkeit, und bloß dieser oder ihrer Hartnäckigkeit hatte sie die Erlaubnis zu verdanken, die Nadel gegen den Pinsel zu vertauschen.«

Schließlich sperrt sich auch Johanna Sybilla nicht mehr gegen die Ausbildung der Tochter. Es ist wohl das Meriansche Blut, mag sie gedacht und sich an die Worte ihres verstorbenen Mannes erinnert haben: »Bin ich schon nicht mehr, dann wird man noch sagen: Das ist Merians Tochter.«

Jacob Morell gibt Maria Sibylla gern Malunterricht. Es ist schließlich auch nichts Ungewöhnliches, daß Töchter in der väterlichen Werkstatt das Familienhandwerk erlernen. Spürbar ist hier noch die mittelalterliche Tradition, die Frauen in Küche und Kontor und berufstätige Mütter duldete. Selbständige Kauffrauen genossen im Mittelalter Ansehen, und viele führten als Witwe den Betrieb ihres Mannes weiter, die Zünfte nahmen sie auf. Erst die folgende, vermeintlich aufgeklärte und moderne Zeit setzte den Frauen hier zunehmend Schranken, besonders unter dem Einfluß von Martin Luthers Frauenideal: Danach sei die Arbeit der Lebensinhalt des Mannes, die Frau dagegen verwirkliche sich in der Ehe, im Gebären und in der Aufzucht von Kindern. Dem Manne schulde sie Gehorsam. Im 18. Jahrhundert wird diese Rollenverteilung schließlich zum allgemein akzeptierten, bürgerlichen Lebensideal.

In der väterlichen Malstube erhält Maria Sibylla einen eigenen Arbeitsplatz. Weil Morell oft reisen muß, gibt er ihr einen Lehrer zur Seite. Es ist einer seiner Schüler, der Blumenmaler Abraham Mignon, der nur sieben Jahre älter ist als Maria Sibylla. Unter Mignons Anleitung lernt sie den Umgang mit Öl- und Wasserfarben. Sie malt auf Papier und Pergament und übt sich im Kupferstich. Wie damals üblich, kopiert Maria Sibylla berühmte Bilder und Stiche. Sie schärft dadurch ihre Beobachtungsgabe und gewinnt allmählich das richtige Gefühl für Bildaufteilung und Proportionen.

Sicher schenkt Morell ihr auch das Büchlein, das er im Jahre 1661 veröffentlicht: »Artiges und kunstreiches Reisebüchlein für die ankommende Jugend zu lehren, insonderheit für Mahler, Goldschmidt und Bildhauer«. Das kleine Lehrbuch enthält Blumenbilder als Mustervorlagen. Ihr erstes eigenes Buch wird seine Stieftochter genau in diesem Stil gestalten.

Maria Sibylla besucht wahrscheinlich zwischen ihrem elften und dreizehnten Lebensjahr eine Seidenraupenzucht und nimmt eine oder mehrere Raupen in einem Kistchen mit nach Hause. Gespannt beobachtet sie, wie sich ihr »Seidenwurm« einspinnt und der Seidenkokon entsteht, für den das kleine Tier einen bis zu 3000 Meter langen weißen Faden webt. Maria Sibylla füttert ihre Raupen mit Maulbeerblättern und kann sich an ihnen nicht satt sehen. Und wie freut sie sich, als eines Tages aus dem Kokon ein Falter schlüpft: der Seidenspinner! Welch eine Verwandlung.

Was dem kleinen Mädchen wie ein Wunder vorkommt, ist schon jahrtausendelang kein Geheimnis mehr. Die chinesische Kaiserin Si-lung-shi soll bereits im Jahre 2640 vor Christus das Gespinst der Seidenraupe als Faden verwebt haben. Ihr kaiserlicher Gemahl ließ daraufhin die ersten »Seidenhäuser« erbauen, wo Seidenraupen nach Plan gezüchtet wurden, um aus dem Puppengespinst die Seide zu gewinnen. Die Chinesen verehrten die Kaiserin nach ihrem Tod als Schutzgöttin der Maulbeerplantagen und Seidenraupen. Über 2000 Jahre hütete das Reich der Mitte erfolgreich das Geheimnis der Seidenherstellung. Jedem drohte die Todesstrafe, der die Eier oder Larven des Seidenspinners außer Landes schmuggelte. Doch nicht nur der Ruf der chinesischen Seide drang ins Ausland. Das Römische Reich importierte Seidenstoffe, und die Gier nach dem Geheimnis wuchs. Im sechsten Jahrhundert übergaben zwei christliche Mönche – so erzählt eine Sage – dem oströmischen Kaiser Justinian schließlich die Eier der Maulbeerraupe. Sie waren, in einem hohlen Stock versteckt, den weiten Weg aus

Asien gekommen. Die Aufzucht der Tiere gelang, und die Seidenproduktion begann in Europa.

Seit dem frühen Mittelalter war die Seidenraupenzucht auch in Deutschland verbreitet, und als nach dem Dreißigjährigen Krieg der Wohlstand zurückkehrte, blühte auch das Seidengewerbe erneut auf. Seidenmanufakturen lieferten modisch gemusterte Kleiderseiden und Dekorationsstoffe für die Häuser der Fürsten und Patrizier.

Die Entstehung und Verwandlung des Seidenwurms beeindrucken Maria Sibylla nicht nur, der Vorgang weckt in ihr eine tiefe Neugier. Sie interessiert sich fortan für die harten, dunklen Gebilde, die sie auf Pflanzen findet. Es sind die Puppen, aus denen sich die Schmetterlinge entwickeln und die wegen ihrer länglichen Form im Volksmund nur »Dattelkern« genannt werden. Ihr gefällt dieses Wort, das sie ihr Leben lang verwendet, »weil der mehrere Teil einem Dattelkern ähnlich, und ich sie ... von Jugend auf also hab nennen hören ... Denselben nun bleiben etliche zwölf oder vierzehn Tage, manche auch wohl den ganzen Winter über unausgeschlossen, bis sie keine Kälte mehr spüren und die Hitze der Sonne fühlen; welche sie alsdann bald zeitiget, daß aus solchen Dattelkernen Sommervögelein hervorkommen.«

Maria Sibylla selbst nennt das Jahr 1660 als Beginn ihrer naturwissenschaftlichen Beobachtungen, die den

Grundstock für ihr gesamtes Werk legen. Damals in Frankfurt zeichnet sie zum ersten Mal die Entwicklung der Seidenraupe und beschreibt in kurzen Worten, was sie sieht. Die Zeichnungen und Notizen bewahrt sie sorgfältig auf. Dem »hochschätzbaren Seidenwurm« ist sie ewig dankbar, denn durch ihn wird sie später erkennen, daß auch andere Schmetterlinge dieselben Entwicklungsstufen durchlaufen: vom Ei über die Raupe und Puppe bis zum schillernden Falter, auch Imago genannt.

Ein dreizehnjähriges Mädchen also ist Maria Sibylla, als sich ihre kindliche Neugier in Forscherdrang verwandelt und aus dem Spiel Ernst wird. Sie staunt immer noch über die Wunder der Natur, doch sie will mehr und mehr begreifen. Fleißig arbeitet sie, streng gegen sich selbst und zielstrebig. Immer mehr Getier und Pflanzen schleppt sie ins Haus und beobachtet genau, was sich in Dosen und Schachteln tut, um alles zu zeichnen.

Ihre Mutter ist angeblich strikt gegen dieses Treiben. Ein wenig fühlt sie sich jedoch mitschuldig an diesen eigenartigen Vorlieben der Tochter. Sie erinnert sich nämlich an die Zeit ihrer Schwangerschaft. Als sie damals einen Schrank aufräumte, entdeckte sie zufällig wunderliche Dinge: Muscheln, Schnecken und Versteinerungen, getrocknete Blumen und Schmetterlingskästen. Immer wieder hatte es sie magisch zu diesem Ort hingezogen, hatte sie die Muscheln durch ihre Finger gleiten lassen und die Farben und Muster der Schmetterlingsflügel bewundert. War ihre Tochter dadurch schon im Mutterleib auf diesen wunderlichen Geschmack gekommen? Die Mutter läßt ihre Tochter schließlich gewähren.

Maria Sibyllas frühes und sich in ihrem späteren Leben vertiefendes Interesse an der Metamorphose der Schmetterlinge wurzelt sicher auch in Kindheitserlebnissen. Sie ist dem Tod oft begegnet: Sie verlor ihren Vater sehr früh und erlebte, wie ihr Bruder Johann Maximilian ihm im Alter von nur zwei Jahren nachfolgte. Sie sah die zwei Kinder aus der Ehe ihrer Mutter mit dem Maler Morell in jungen Jahren sterben. Da waren die »Sommervögelein« tröstliche Symbole für eine Auferstehung am Tage des Jüngsten Gerichtes und für das Weiterleben nach dem Tode.

Schon im vorchristlichen Griechenland verehrten die Menschen in einem bestimmten Nachtfalter die unsterbliche Seele der Verstorbenen, und später wurde der Schmetterling ein beliebtes christliches Motiv. Den Grabstein des Dichters E.T.A. Hoffmann (1776–1822), der in Berlin-Kreuzberg steht, ziert zum Beispiel ein Schmetterling. Der Schmetterling steht für die göttliche Seele, die der Tod aus dem Körper befreit. Nur die sterbliche Hülle bleibt zurück, genau wie eine graue Puppenhülle, aus der gerade ein Schmetterling geschlüpft ist.

Maria Sibyllas Ernst ist gepaart mit Eigenständigkeit, die durch ihr einsames Leben gefördert wird. Der Stiefvater, zu dem sie ein gutes Verhältnis hat, weilt in ihrer Jugendzeit sehr selten zu Hause in Frankfurt. Maria Sibylla lebt allein mit der Mutter, von der sie sich nicht so verstanden fühlt, auch wenn diese ihre Malerei inzwischen duldet. Sie muß ihren eigenen Weg gehen. Diese Umstände machen sie ein wenig eigenbrötlerisch: »Ich entzog mich deshalb aller menschlichen Gesellschaft und beschäftigte mich mit diesen Untersuchungen.«

In ihrer Einsamkeit erfreut sie sich an der schillernden Buntheit der Schmetterlinge. Denn die Tiere sind nicht nur Symbole des Werdens und Vergehens, die Falter sind auch Sinnbilder der Schönheit, der Leichtigkeit und Lebensfreude. Wir können uns gut vorstellen, daß das ernste und einsame Kind beim Betrachten der »Sommervögelein« ein Glück empfindet, das der Dichter Hermann Hesse in folgendem Gedicht beschrieben hat:

Blauer Schmetterling

Flügelt ein kleiner blauer
Falter vom Wind geweht,
Ein perlmutterner Schauer,
Glitzert, flimmert, vergeht.

So mit Augenblicksblinken,
So im Vorüberwehn,
Sah ich das Glück mir winken,
Glitzern, flimmern, vergehn.

Zwischen ihrem 13. und 18. Lebensjahr findet Maria Sibylla dann zu ihrem ureigensten Interessengebiet, dem sie treu bleiben wird. Nicht unsicher und tastend hat sie Dinge ausprobiert, sich nicht erst in der Landschafts- oder Porträtmalerei versucht. Tiere und Pflanzen will sie abbilden. Auf dieses Ziel legt sie sich früh fest, und sie hat die handwerklichen Fähigkeiten, dies zu erreichen. Sie malt am liebsten mit Wasserfarben auf Pergament, und zwar auf das durchscheinende »carta non nata«. Die Gerber stellen dieses »Jungfernpergament« aus der Haut ungeborener Lämmer her. So strahlen die Farben der Blumen am klarsten, so schimmern die Flügel der Sommervögel, als ob sie lebendig seien.

Mit großem Fleiß, Zier und Geist

*Ehe mit Johann Andreas Graff,
Geburt der ersten Tochter, Umzug nach Nürnberg,
Herausgabe des Blumenbuches,
Geburt der zweiten Tochter*

1665–1678

Den Frankfurter Stadtteil Sachsenhausen schotten zwei Stadttore gegen das Umland ab. Das »brauchbarste«, das »Affen-Thor«, wird im Jahre 1665 neu geschanzt. Es ist das Jahr, in dem die »Jungfer Maria Sibylla« Hochzeit hält. Sie heiratet den zehn Jahre älteren Johann Andreas Graff, einen aus Nürnberg stammenden Maler. Im »Population= oder Hochzeiten Buch No. 5« ist mit Federkiel und Tinte der 16. Mai, ein Pfingstdienstag, als Hochzeitstag festgehalten.

Graff ist in Maria Sibyllas Elternhaus kein Unbekannter. Fünf Jahre lang, wahrscheinlich von 1653 bis 1658, hatte er in Frankfurt gelebt und bei Jacob Morell sein Malerhandwerk erlernt. Nach der Lehrzeit bereiste er fünf Jahre lang Italien. Er sah Venedig und Rom, besuchte die antiken Stätten und Baudenkmäler. Sein Fach waren nicht Blumen und Landschaften, Graff war Architekturmaler.

Als Johann Andreas Graff Frankfurt verließ, war Maria Sibylla ein kleines Mädchen, als er zurückkommt, begrüßt ihn eine siebzehnjährige junge Frau. Er wirbt um sie, und das sicher mit dem Einverständnis der Eltern. Es ist wahrscheinlich, daß der Bräutigam und das Ehepaar Merian-Morell Mitgift und Heirat absprechen, wie es damals Sitte ist. Die beruflichen Interessen stimmen ja schließlich überein, das ist für eine Ehe nicht das schlechteste Fundament. Die zwei jungen Leute, beides tüchtige, gut ausgebildete Maler, können es gemeinsam zu etwas bringen, und Maria Sibylla ist im besten Heiratsalter. Als sie einwilligt, geht sie sicher nicht blind in diese Ehe: Immerhin ist Graff im letzten Jahr bei Morells ein und aus gegangen.

Aber was war mit der Liebe, fragen wir heute. Liebte sie ihn? Welche Gefühle, Hoffnungen und Sehnsüchte trug Maria Sibylla in ihrem Herzen, als sie Johann Andreas Graff das Jawort gab? Und liebte er sie?

Maria Sibylla selbst hat dazu geschwiegen. Was bleibt, sind vielfältige Mutmaßungen, die in Romanen über ihr Leben und biographischen Artikeln immer wieder auftauchen. Weil alle Mutmaßungen ein Körnchen Wahrheit enthalten und damit ein Mosaikstein im Bild dieser Frau sein können, seien die wichtigsten genannt:

Johann Andreas Graff taucht in Frankfurt auf, kurz nachdem ihr Lehrer Abraham Mignon die Reichsstadt verlassen hat, um sich selbständig zu machen. Bis zum Jahre 1663 hat der begabte Blumenmaler Maria Sibylla unterwiesen, mindestens fünf Jahre hatten sie Seite an Seite gearbeitet. Für diesen Mann soll Maria Sibylla viel empfunden haben: War er ihre große Liebe, oder schwärmte sie nur für ihn? Sie sei sehr enttäuscht gewesen, weil er ihre Zuneigung nicht erwidert habe, wird vermutet. Heiratete Maria Sibylla also aus Enttäuschung den jungen Graff nur ein Jahr nach Mignons Weggang? Stürzte sie sich in diese Ehe, um Mignon zu vergessen? Ihre Mutter soll zudem gegen eine Heirat mit Mignon gewesen sein, weil Graff die bessere Partie war. Sie sei die treibende Kraft hinter dieser Heirat gewesen.

Die Jungfer Merian konnte doch froh sein, daß sie überhaupt einen Mann abbekam, sagen andere, viel Auswahl hatte die nicht. Sie sei häßlich oder etwas höflicher ausgedrückt schließlich keine Schönheit gewesen. Im Jahre 1780 steht in den »Nachrichten von Franckfurter Künstlern und Kunstsachen« über Maria Sibylla Merian: »Die Natur ist nicht immer mit beiden Händen freigiebig: Sie verweigert oft der Schönheit den Witz und den Verstand, und gibt ihn denen, die sie in Ansehung der Gestalt stiefmütterlich behandelt hat ... Unsere Merian erhielt weder Schönheit noch sonderliche Reize von ihr; aber desto wichtigere Geschenke, nämlich große Talente zur Kunst, die sie der Bewunderung der Nachwelt würdiger machen als das kleine Verdienst, ein schönes Gesicht zu haben.«

Die Mutter seufzte auf jeden Fall erleichtert auf, als

dieses schwierige Kind unter die Haube kam. Ihre fehlende Schönheit störte Graff wenig, dafür brachte seine zukünftige Frau malerisches Talent mit in die Ehe und einen gut klingenden Namen. Der Name Merian zählte in Verlegerkreisen, und mit einer geborenen Merian verheiratet zu sein war für den Aufbau einer beruflichen Existenz als Maler und Graveur gerade in Frankfurt ein nicht zu unterschätzendes Kapital. Vielleicht ließen sich durch sie auch neue Geschäftskontakte zu dem großen Frankfurter Verlagshaus knüpfen, dessen Inhaber, Matthäus Merian der Jüngere, inzwischen bei adligen und einflußreichen Persönlichkeiten ein und aus ging. Vielleicht heiratet der Nürnberger Maler Maria Sibylla aus Berechnung?

Oder heiratete sie ihn gar aus kühlen Überlegungen heraus? Unzweifelhaft war die Ehe der schnellste Weg für Maria Sibylla, dem harten Regiment der Mutter zu entfliehen und selbständig zu werden. Und einen Maler zu ehelichen war das einzige, was für sie in Frage kam. Denn sie wollte ihre eigene Arbeit auf jeden Fall weiterführen, die viele Frankfurter mißtrauisch beäugten. Es ging nämlich das Gerücht um, »die züchtige Jungfrau habe nur darum geheiratet, um mit Anstand in der Gesellschaft ihres Gatten nach dem Nackten zeichnen zu können«. Erhoffte sie sich von der Ehe auch Schutz vor zuviel neugierigen Blicken? Die Mutter hatte ihr außerdem oft genug prophezeit, daß kein Ehemann dieses Gewürm in seinem Haus dulden würde. Doch Graff, der von ihren Studien wußte, hatte nichts dagegen, daß Maria Sibylla weiterhin die Raupen und Sommervögel beobachtete. Da nahm sie eben in Kauf, daß sein Ruf nicht der beste war und ihm »Laster«, eine Vorliebe für »Wein und Weib«, Faulheit und Charakterschwäche nachgesagt wurden. Maria Sibylla spürte vielleicht, daß sie sich gegen ihn würde durchsetzen können.

Oder war es wirklich Liebe auf den ersten Blick, als sich die beiden in der Malerwerkstatt Morell im Jahre 1664 wieder begegnet sind? Schilderte er ihr vielleicht seine Italienreise in so glühenden Farben, daß das unerfahrene Mädchen von einer Künstlerehe träumte, in der beide gleichberechtigt nebeneinander leben und zusammenarbeiten würden? Plante sie mit Graff gemeinsame Reisen in ferne Länder? Hatten beide zu kühne, hochtrabende Wünsche, die an der Wirklichkeit zerbrechen mußten? Die romantisch klingende Version ist zwar die schönste, aber sicherlich die unwahrscheinlichste.

Aus welchen Gründen auch immer Maria Sibylla Merian und Johann Andreas Graff ein gemeinsames Leben beginnen, sie bleiben zunächst in Frankfurt. Über ihre ersten fünf Ehejahre ist wenig bekannt, weder über ihre Wohnung noch die Art und Weise, wie sie ihren Lebensunterhalt verdienen. Wahrscheinlich führen beide Auftragsarbeiten durch, Graff als Maler und

Tulpen gehörten zu den ersten Blumen, die Maria Sibylla Merian als Kind – zuerst heimlich und später in der Malstube ihres Stiefvaters – zeichnete. Das Entstehungsjahr dieses Aquarells ist unbekannt.

I

Die Metamorphose des Seidenspinners beeindruckte Maria Sibylla Merian bereits als 13jähriges Mädchen: »Diese Untersuchung habe ich in Franckfurt 1660, Gottlob, angehebt«, schreibt sie später.

Der »Seidenwurm« steht am Anfang ihrer naturwissenschaftlichen Beobachtungen, die sie in Frankfurt und Nürnberg weiterführte. In Gärten und auf Feldern malte Maria Sibylla Merian die Insekten »nach dem Leben«.

Auf kleinen Pergamenten hielt Maria Sibylla Merian die einzelnen Verwandlungen der »Sommervögelein« fest: vom Ei über die Raupe und Puppe bis zum schillernden Falter. Erst für die Bücher gruppierte sie die Tiere um eine Futterpflanze. Die Pergamente versah sie später mit Nummern, ordnete und kommentierte die Skizzen in dem berühmten Studienbuch, das sie seit dem Jahre 1686 geführt hat.

Im ersten Teil des Raupenbuches zeigt die 35. Tafel »Blaue Lilien/oder Garten Iris – Iris hortensis, latifolia«. Das Buch lieferte die Merian entweder mit schwarz-weißen Kupferstichen oder auf Bestellung handkoloriert. Für die farbigen Exemplare preßte Maria Sibylla den ersten, noch feuchten Kupferstich erneut auf ein Papier. Durch das zweimalige Drukken erschien die Pflanze nicht mehr seitenverkehrt, und die harten Konturen verschwanden.

Der Umdruck mit seinen schwächeren und weicheren Linien war eine ideale Malvorlage. Koloriert verwandelte sich der Kupferstich in ein leichtes Blumenaquarell. Jede Abbildung im Raupenbuch ergänzte Maria Sibylla Merian durch einen Text. Hier wunderte sie sich, daß die weichen Raupen die harten Blätter der Iris »sehr geschwind aufessen« und zwar – wie im linken Teil zu sehen ist – mit System: Sie fressen immer von einem Ende zum anderen, quer übers Blatt.

V

Ein Kranz aus Maulbeerzweigen mit Seidenraupen schmückt das Titelblatt des ersten Teils des Raupenbuches, das »Maria Sibylla Gräffin geborene Merianin« im Jahre 1679 fertiggestellt hat. Fast zwanzig Jahre lang hat sie dafür Tiere beobachtet und gemalt, die sich im Raupenbuch auf 50 Kupferstichen tummeln.

Ein unbekannter niederländischer Meister malte 1679 dieses Ölbild, das Maria Sibylla mit 32 Jahren zeigen soll. Kunsthistoriker zweifeln heute, ob das berühmte »Baseler Porträt«, das unser Bild der Merian geprägt hat, tatsächlich die Künstlerin darstellt. Weil unklar blieb, wie sie als junge Frau aussah, hielt sich besonders ein Vorurteil über Jahrhunderte: Frau Merian sei zwar klug und begabt gewesen, aber die Natur habe sie »in Ansehung der Gestalt stiefmütterlich behandelt«.

Die »Weinreben-blüte – Vitis florens« stach Maria Sibylla Merian für den Zweiten Teil ihres Raupenbuches in Kupfer. Die 22. Tafel zeigt nicht nur die Metamorphose eines Falters, sondern auch eine aus der Puppe geschlüpfte Schmarotzerfliege (in der Bildmitte). Links unten zeichnete sie den Auswurf der darüberliegenden, gebogenen Raupe; der Kot sei »fast geformet, als wann sechs runde Stäbchen zusammengleimt wären«.

Graveur, und Maria Sibylla stickt und bemalt Tischdecken und Stoffe für die Aussteuer der reichen Frankfurter Bürgerstöchter. Man munkelt in Frankfurt, der Maler Morell kämpfe mit geschäftlichen Schwierigkeiten, und das könnte der Grund sein, warum die Eheleute Graff vorerst in Frankfurt bleiben. Morell war schließlich Graffs Lehrmeister gewesen, und auch Maria Sibylla verdankte ihm viel. So wie er sie als Kind gegen die Mutter unterstützt hat, so kann sie ihm jetzt durch ihrer Hände Arbeit helfen.

Anfang 1668 bringt Maria Sibylla ihre erste Tochter zur Welt. Die Großmutter hält das Neugeborene am Sonntag, dem 5. Januar, über das Becken mit dem Weihwasser. Ein Pfarrer tauft das Mädchen auf den Namen Johanna Helena. Als das Kind seinen zweiten Geburtstag feiert, packt die Familie den Hausstand zusammen. Mit dem Merianschen Verlagshaus haben sie in den fünf Jahren keine geschäftlichen Kontakte geknüpft. Auch aus Enttäuschung darüber planen sie den Umzug in Graffs Geburtsstadt Nürnberg.

Sorgfältig ordnet und verschnürt Maria Sibylla die Zeichnungen der Sommervögel und ihres geliebten Seidenwurms, packt sie ihre Notizen und die Malutensilien zusammen, die sie natürlich mit nach Nürnberg nimmt. Die Kutsche, die Maria Sibylla mit Mann und Tochter ins Frankenland bringt, holpert auf der neuen Reichsstraße entlang, die erst dem Main folgt, bevor sie quer durchs Land über die Bischofsstadt Würzburg bis nach Nürnberg führt. Am Stadttor kontrollieren Wächter die Papiere der Reisenden. Durch ein »Schlupftürchen« neben dem Tor kommt eine Patrouille, um die Leute in Augenschein zu nehmen. Vor »unnützem, lumpigem Diebs- und Bettelgesind, vor Juden und Zigeunern« muß sich die Stadt schützen. »Zigeuner jedoch gleich mit der Todesstrafe zu belegen, nur weil sie Zigeuner sind, zumal sie sonst keiner Brandstiftung überführt sind, ist doch etwas zu hart und wider die christliche Sanftmütigkeit«, bemerkt ein reisender Kaufmann. Als Wachen die Zugbrücke herunterlassen, entsteht ein dichtes Gedränge.

Unterhalb der Kaiserburg, die auf einem Sandsteinfelsen thront, liegt das Haus der Familie Graff; es ist ein stattliches Anwesen mit Vorder- und Hinterhaus am Milchmarkt, der heute Albrecht-Dürer-Platz heißt. Das Haus, zu dem auch ein Garten gehört, trägt den Namen »Zur goldenen Sonne«. Maria Sibylla lebt zum erstenmal nicht mehr im Elternhaus, sondern führt ihren eigenen Haushalt. Jetzt kann sie schalten und walten, wie sie will, und sie entfaltet in ihrer neuen Heimat eine ungeheure, fast rastlose Aktivität.

Sie gründet eine Stick- und Malschule für die Töchter und Damen der oberen Schichten, die sie ihre »Jungfern-Company« nennt. Maria Sibylla bringt den Frauen in kleinen Gruppen den Umgang mit Pinsel und Nadel bei. Sie zieht einen Handel auf mit den zum Malen notwendigen Utensilien. Farben, die sie selbst herstellt, sind ihre Spezialität. Zu einigen ihrer Schülerinnen hält Maria Sibylla fast ihr ganzes Leben lang Kontakt.

Die Stick- und Malschule gehört zu dem Teil ihrer Arbeit, der dem Broterwerb dient. Und hier offenbart Maria Sibylla, daß ihr die Mutter eine gehörige Portion Geschäftssinn und Tüchtigkeit mitgegeben hat. Denn auf der Schulter der Frau Gräffin ruht die hauptsächliche Sorge für den Lebensunterhalt der jungen Familie, Graff kann oder will nicht soviel beitragen.

Großaufträge, die gutes Geld bringen, erhält Maria Sibylla als Stoffmalerin. Seide, Atlas und Leinwand bemalt sie so kunstvoll mit »allerhand zierlichen Blumen und Kräutern, daß solche auf beeden Seiten des Leinwats in gleicher Vollkommenheit erscheinen«. Sie verwendet dazu »Saftfarben«. Diese Naturfarben, die sie selbst herstellt, verblassen auch nach mehrmaliger Wäsche nicht. Die Markgräfin von Baden-Baden, für die sie Tischdecken mit Blumenmotiven gefertigt hat, demonstriert dies gerne ihren ungläubigen Besuchern. Für den badischen Markgrafen Ludwig Wilhelm den Ersten, auch Türken-Louis genannt, schmückt sie gar ein ganzes Feldherrenzelt mit Malereien aus. Wie fehl am Platze und unwirklich muß diese künstliche Blumenlaube aus Stoff, auf der sicher auch Schmetterlinge tanzten, auf dem Schlachtfeld gewirkt haben!

Über diesen mehr kunstgewerblichen Arbeiten vernachlässigt Frau Gräffin ihre Raupen und Schmetterlinge nicht, im Gegenteil. In Nürnberg baut sie auf den Erfahrungen auf, die sie in Frankfurt gesammelt hat, und sie geht dabei sehr systematisch vor. Auf der einen Seite bildet sie sich theoretisch weiter, liest sie die Bücher, die über Schmetterlinge und Raupen erschienen sind. Sicher kennt sie das zwischen 1662 und 1668 erschienene Buch von Jan Goedart »Metamorphosis insectorum«. Maria Sibylla entwickelt sich zu einer ernsthaften, wissenschaftlichen Autodidaktin.

Auf der anderen Seite beobachtet und sammelt sie unermüdlich weiter »in meinem Garten neben der Schloßkirchen oder keyserlichen Schloß-Capell in Nürnberg«. Sie bereist auch die Umgebung auf ihrer Suche nach bestimmten Raupen. Zum Beispiel geht sie »zum Stadtgraben zu Altorff, da die Universität von Nürnberg ist« und besucht »eine Meil ausser Nürnberg vor einem Dorf« den »sogenannten Poeter- oder Irr-Garten (welchen, Herr Magister Limburger, Pfarrherr daselbst, vor wenigen Jahren angehoben und mit großem Fleiß noch erweitert hat)«. (1)

Wochen- und manchmal monatelang ist sie hinter einer bestimmten Raupe her. Sie gibt nie auf, bevor sie nicht das fehlende Glied in einer Verwandlungskette gefunden hat. Sorgfältig füttert sie das Tier in seiner Schachtel oder besucht Tag um Tag die Fundstelle im Freien. Sie wartet geduldig auf die Verpuppung und zählt die Tage jeder Entwicklungsstufe bis zur »Geburt« des Sommervogels, die sie immer wieder aufs neue begeistert. Sie macht Notizen und Skizzen von den Tieren und ihren Futterpflanzen, die sie heranschafft.

Wie muß es in ihrem Haus, in ihrem Arbeitszimmer ausgesehen haben: In kleinen Schachteln und Zuchtkäfigen hält sie das Getier »in der warmen Stuben«, weshalb manche Schmetterlinge zu früh auskriechen. Auf Regalen stehen Gläser mit Branntwein und Öl, Kerzen und Kistchen mit Nadeln. In der Kerzenflamme erhitzt Maria Sibylla die Nadelspitze, bis sie heiß glüht. Mit Geschick sticht sie die Nadel mitten durch den Leib des Schmetterlings, »dann sind sie alsbald tot, und bleiben dann die Flügel unbeschädigt«. Die aufgespießten Falter legt sie auf ein längliches Spannbrett, dessen Breite zu der Flügelgröße passen muß. Die Nadel verschwindet in der Mittelrille, und die zarten Flügel kommen auf dem Holz zu liegen. Über die Schmetterlingsschwingen, die sie behutsam mit einer Pinzette oder Nadel entfaltet, spannt sie Stoffstreifen, die sie mit kleinen Nadeln fixiert. Deshalb müssen die Spannbretter aus einem weichen Holz, etwa Linde, Weide oder Balsaholz, gefertigt sein. Bis die Insekten vollständig getrocknet und ganz hart sind, dauert es zwei bis vier Wochen, je nach der Größe der Tiere.

Die so präparierten Schmetterlinge ordnet sie in beschrifteten Schachteln an, die sie innen mit einem Öl bestrichen hat, »so kommen keine Würmer darein, welche sie sonst verzehren«. Sie hat einige Male solch unangenehme Überraschungen erlebt. Die getrockneten Tiere dienen Maria Sibylla nicht nur zur Dokumentation, sie verkauft sie auch an interessierte Naturliebhaber, um Geld zu verdienen.

Die Jungfern-Company weiß um die Passion der Lehrerin. Die Schülerinnen begleiten sie manchmal auf ihren Streifzügen durch Gärten und Felder: »Diejenige Raupe fand ich, da ich mit etlichen meiner Lehr-Jungfern zu Anfang des Märzens, als der betrübte Winter fast eine Ende genommen, in das Grüne gegangen, allda die Frühblumen zu besehen.« Einige muß Maria Sibylla so für ihre wissenschaftliche Arbeit begeistert haben, daß die Frauen die Tiere suchen, die in ihrer Sammlung fehlen, oder ihr Fundstellen nennen. Auch von auswärts erhält sie Material für ihre Forschungen geschickt:

»Eine sehr sinnreiche, adelige Jungfrau in Nürnberg führte mich einstmals in ihren schönen Lustgarten, worinnen allerlei rare Gewächse anzutreffen waren; der ungezweifelten Meinung, auf solchen besondere Würmer zu finden...« — Eine besondere Raupe »hab ich im August von einem Fräulein als einer verständigen Liebhaberin der dazumal von mir erlernten Malerei bekommen; die ich weder zuvor noch hernach mehr gesehen, also daß mir solche Raupe... sehr wert und angenehm gewest«. — »Eine ganz schöne Raupe ist 1672 aus Regensburg, von des damaligen Nürnbergischem Herrn Abgesandten Frau Ehe-Liebste, in einem Schächtligen, nach Nürnberg als ein angenehmes Präsent geschickt und von mir angenommen worden, welche (ob ich zwar von ihr noch lebendig empfinge, und aber ihre ordentliche Speise nicht verstunde noch damals wußte) mir als unnützlich (so zu sagen) verstorben und verdorben ist.« (2)

Die Arbeit in der Mal- und Stickschule regt Maria Sibylla zu ihrem ersten Buch an. Im Jahre 1675 erscheint der Teil I des »Blumenbuches« mit dem lateinischen Titel: »Florium Fasciculus Primus«. Zwei Jahre später folgt der »zweyte Blumen-Theil«, und nochmals zwei Jahre vergehen, bis sie 1679 den dritten und letzten Teil fertigstellt.

Jeder Abschnitt des Blumenbuches besteht aus zwölf Blättern, einem Blumenkranz und elf Blumen oder Blumengebinden, die Maria Sibylla »nach dem Leben gemahlet und selbst auffs Kupfer gebracht« hat. Sie hofft, daß ihre Arbeit »allen kunstverständigen Liebhabern um Nutz und Lust dienlich seyn möchte«, doch soll dieses Blumenbuch in erster Linie »dem Frauenzimmer« als Mal-, Näh- und Stickvorlage dienen. Verkauft werden die Blumenbilder wahrscheinlich als lose Blätter und als Buch gebunden.

Solche Vorlagenbücher haben Tradition, sind heiß begehrt und verkaufen sich ohne Mühe. Die mal- und stickbegeisterten Damen tauschen die losen Blätter untereinander aus, geben die »curiosen Lectionen« weiter, bis sie zerfleddert sind. Besonders gesucht sind die von Maria Sibylla selbst kolorierten Tafeln des Blumenbuches; das erklärt, warum heute nur noch ganz wenige dieser ausgemalten Vorlagen vorhanden sind. In dem Merianschen Blumenbuch geben sich die Modeblumen des 17. Jahrhunderts ein Stelldichein, die auch in den alten Volksliedern der damaligen Zeit besungen werden: die Narzisse und die Schlüsselblume, die Hyazinthe und der Türkenbund, rote Rosen und weiße Lilien, die Kaiserkronen und natürlich die Tulpen.

Für ihr erstes Buch entwirft Maria Sibylla eigene Bilder, doch sie kopiert – wie damals durchaus üblich – auch aus anderen Werken. Dabei verwendet sie Vorlagen des Franzosen Nicolas Robert, ihres Stiefvaters Morell und des alten Merian. Sie zeichnet jedoch nicht blind ab. Sie spart zum Beispiel einzelne Blütenblätter aus und trifft dadurch klarer das Wesen der Iris. Sie verändert den Schwung der Osterglocken und macht so das Bild ausgewogener. Am wenigsten gelungen sind ihre Kupferstiche, auf denen dicke Blumensträuße aus dickbauchigen chinesischen Vasen ragen, wie das der Zeitgeschmack verlangt. Doch Maria Sibylla ist nicht nur eine schlechte Malerin, wenn es um die richtige Perspektive einer Vase geht. Ihr liegt nichts an diesen protzigen Äußerlichkeiten, denen viele Zeitgenossen anhängen, und am Pomp, der die Menschen zu aufgeputzten Kleiderpuppen und unnatürlichen Perückenträgern macht.

Das Blumenbuch verlegt Johann Andreas Graff in Nürnberg. Es muß sich gut verkauft haben, denn sonst hätte das Ehepaar Graff im Jahre 1680 nicht eine Neuauflage herausgebracht, die alle drei Teile enthielt.* In der »Vorrede« dazu erzählt die Autorin dem Leser zunächst folgende Geschichte: Auf einer seiner Reisen sah der Kaiser einen Bauern Setzlinge pflanzen. Er fragte den Landmann, was er da pflanze. Dattelbäume, antwortete ihm der Bauer. Der Kaiser lachte und sprach, ein Dattelbaum trage doch erst in hundert Jahren Früchte und deshalb könne der Bauer niemals selbst davon essen. Dieser entgegnete: »Ich tue es aber Gott zu Ehren und den Nachkommen zu Nutz!« Den Kaiser beeindruckten diese Worte, und er schenkte dem Bauern hundert Gulden. So ward diesem die Sorge und die Arbeit für die Nachkommen reichlich gelohnt, obwohl er selbst nie die Früchte der gepflanzten Bäume genoß.

Dem bescheidenen, gottesfürchtigen Bauern stellt Maria Sibylla in ihrem Vorwort einige fanatische Blumenliebhaber gegenüber. Sie kann es einfach nicht fassen, daß in einer holländischen Stadt in der Zeit zwischen 1633 und 1637 Blumen für eine Million in

---

* Das Blumenbuch ist 1987 wieder neu aufgelegt worden (Angaben s. S. 143).

Gold gehandelt wurden. Für eine Blume seien sogar einmal 2000 niederländische Gulden bezahlt worden. Leute hätten ihre Häuser und Landgüter verpfändet oder Schulden gemacht, um Tulpenzwiebeln zu erstehen. Diese »Tulpomanie« versteht sie nicht: Eine solche Verschwendung für Blumen, die weder »Geruch noch Geschmack hatten; nur daß sie mit einer flüchtigen Augenweide lüsterne Herzen eine kurze Zeit ergötzten«, das ist ihre Sache nicht. Sie hofft, daß ihre »bunten Meisterstücke« blinde Augen sehend machen für die Wunder der Natur und zu Ehren Gottes. Ihr Blumenbuch sei nicht erschienen »um eigenes Nutzen willen«, sondern »der lehrgierigen Jugend zum besten und dann auch der künftigen Nachwelt zum Andenken«. Sie denkt und handelt wie der Bauer in ihrer Geschichte.

Maria Sibylla Gräffin ist 28 Jahre alt, als der erste Teil des Blumenbuches in Nürnberg erscheint. In der Stadt hat sie es damals schon zu Ansehen und erstem öffentlichen Ruhm gebracht. Der Maler Joachim von Sandrart*, ein alter Freund der Familie Merian aus Frankfurt, war inzwischen auch nach Nürnberg gezogen. Dort veröffentlichte er im Jahre 1675 die erste deutsche Kunstgeschichte. In seine »Teutsche Academie der Edlen Bau-, Bild- und Mahlerey-Künste«

---

* Joachim von Sandrart (1606–1688) wurde 1674 Direktor der Kunst-Akademie in Nürnberg. Frauen waren nicht zugelassen, doch Sandrart unterrichtete sie wenigstens in seinen Laiengruppen.

nahm der Kupferstecher und Kunsthistoriker auch die Tochter des alten Merian auf. Sandrart tat dies nicht aus Gefälligkeit. Aus seinem Text spricht wirkliche Bewunderung und Anerkennung für Maria Sybillas Arbeit. Er bestätigt in seiner Kurzbiographie nicht nur ihre Kunstfertigkeit in der Stoffmalerei und im Sticken, also der »Nadelmalerei«, sondern weist ausdrücklich darauf hin, daß sie mitten in der Arbeit für ein Buch stecke. Wie er schreibt, führt sie naturwissenschaftliche Beobachtungen durch. »... besonderlich auch in den Exkrementen der Würmlein, Fliegen, Mucken, Spinnen und dergleichen Nathur der Tieren auszubilden, mit samt deren Veränderungen, wie selbige Anfang seyn, und hernach zu lebendigen Thieren werden, samt dern Kräutern, wovon sie ihre Nahrung haben, mit großem Fleiß, Zier und Geist, so wol in der Zeichnung als in den colorirten Farben und Rundirungen meisterhaft zuwege gebracht.«

In diesen arbeitsreichen ersten zehn Nürnberger Jahren bringt Maria Sibylla die zweite Tochter zur Welt. In der Nürnberger St. Sebaldus-Kirche, nur wenige Gehminuten vom Milchmarkt entfernt, wird das Mädchen im Februar 1678 auf den Namen Dorothea Maria getauft. Daß eine Amme und ein Dienstmädchen die Frau Gräffin entlasten, ist wahrscheinlich. Sicher hilft auch die bereits zehnjährige Tochter Johanna Helena, die Schwester zu betreuen, besonders wenn die Mutter sie beide auf ihre Exkursionen in die Natur mitnimmt. Für eine berufstätige Frau wie sie ist der große Altersabstand zwischen den beiden Kindern von Vorteil, ja fast ideal.

Merian-Forscherinnen vermuten, daß Maria Sibylla bald nach der Geburt von Dorothea Maria anfängt, Latein zu lernen, das damals noch die unumstrittene Gelehrtensprache ist. Wie schafft sie das alles, die Kinder und die Küche, die Kunst und die Naturbeobachtung? Ihr »Fleiß, Zier und Geist« müssen genauso enorm wie ihr Arbeitspensum gewesen sein.

Solche Ausnahme-Frauen beäugen die Zeitgenossen besonders kritisch – damals wie heute. Sonst hätte Sandrart am Ende seines Textes über Maria Sibylla in der »Teutschen Academie« wohl kaum betont, daß sie zwar »immerdar« der römischen Göttin Minerva* »ihre Tugenden aufopfert«, daß sie dies aber schaffe »neben der regulirten guten Haushalts-Führung«.

Die geschäftige Frau Gräffin verhielt sich überhaupt ungewöhnlich. Einer hat sie im Winter am Lauffer Tor gesehen, wo sie Raupen von der Erde auflas, und ein anderer hat beobachtet, wie sie vor ihrer Haustür in der Erde nach Würmern grub. Die Bewohner der Altstadtgassen tuscheln sicher über diese in »Exkrementen« wühlende Frau. Mäusekadaver und Käse, aus dem Ma-

---

* Minerva entspricht der griechischen Göttin Athene. Sie sind die Göttinnen des Handwerks, der Weisheit und der schönen Künste.

den und Würmer kriechen, nehme sie mit ins Haus. Gegen Falter und Blumen könne man ja nichts sagen, aber das andere – pfui Teufel. Und schließlich müsse sie auch noch zwei Kinder und einen Mann versorgen. Kein Wunder, daß es in der Ehe nicht mehr so recht klappe. Genug Zeit für ihren Ehemann hat die sicher nicht! Statt auch noch Latein zu lernen und sich als Gelehrte aufzuspielen, sollte sie sich besser die Weibertugenden aus dem schon 1666 in Nürnberg erschienenen »Güldne Zanck-Apfel« hinter die Ohren schreiben:

> Frey, fromm, frisch, freundlich, nicht gemein
> Ein Weib soll leben in Gebehrden
> Doch muß sie drum nicht Meister seyn
> Sonst wird ein Böse Eh draus werden.
> Wenn das Weib nur schweigen kann
> So ergötzt sie ihren Mann.

Maria Sibylla Gräffin, geborene Merianin, schweigt nicht. Schon 1679, ein Jahr nach der Geburt ihrer Tochter, erscheint ihr bahnbrechendes Raupenbuch, in dem sie den Kritikern entgegenhält: »Absonderlich, wann man mir solches als einer Frauen (die nur neben ihrer Haussorge dies zusammen tragen müssen) für eine unziemende Ehrfurcht halten sollte.«

Anmerkungen zum Kupferstich

Die Wiege des Kupferstiches stand in den Werkstätten der Gold- und Waffenschmiede. Sie entwickelten dieses Druckverfahren, um die Vorlagen für ihre Gravuren zu vervielfältigen. Der älteste bekannte Kupferstich stammt aus dem Jahre 1446. In diesem Jahrhundert gelangte auch zum erstenmal das Rezept für die Papierherstellung durch die Araber ins Abendland, obwohl die Chinesen schon sechzehn Jahrhunderte lang Papier anfertigen konnten. Nachdem der Mainzer Patrizier Johannes Gutenberg Mitte des 15. Jahrhunderts den Buchdruck und die Druckerpresse erfunden hatte, gewann der Kupferstich für Buchillustrationen, aber auch als eigenständige Kunstrichtung an Bedeutung. In Deutschland führte Albrecht Dürer (1471–1528) dieses Druckverfahren zu einem Höhepunkt.

Seit dem 15. Jahrhundert ist das wichtigste Werkzeug eines Kupferstechers der Grabstichel, ein vierkantiger Stahlgriffel mit einem abgerundeten hölzernen Griff. Sein Ende kann spitz, flach und rund geschliffen sein. Mit diesem Werkzeug gräbt der Künstler in eine Kupferplatte Linien und Punkte ein. Arbeitet er nach einer gezeichneten Vorlage, so muß er das Bild in diese »zwei Worte des Kupferstiches« übersetzen, die Linie und den Punkt. Die feine Kupferaufwerfung, die rechts und links der eingeritzten Linien entsteht und Grat heißt, entfernt der Stecher mit einem Schaber.

Die Vertiefungen nehmen dann die schwarze Farbe auf, die der Druck auf das Papier überträgt. Der Kupferstich ist also ein Tiefdruckverfahren, wobei jeder erneute Druck einer Kupferplatte wieder als Original gilt.

Je tiefer die Furche ist, die der Künstler mit dem Grabstichel zieht, desto dunkler erscheint eine Linie. Je enger Punkte oder Linien zusammenliegen, desto stärker erscheint eine graue bis schwarze Fläche.

»Der geritzte Strich ist der unmittelbarste Weg für die Hand, den Gedanken in Form zu übertragen.« Maria Sibylla Merian hat nicht nur mit dem Stichel, sondern auch mit der spitzen Kaltnadel gearbeitet, die sich so leicht auf dem Kupfer bewegen läßt wie ein Stift auf Papier. Der Grat, der beim Einritzen auf dem Kupfer entsteht, wird bei der Kaltnadeltechnik nicht entfernt, und der gedruckte feine Strich erscheint noch samtiger als beim Grabstichel. So erreichte die Merianin die zarten Linien und Strukturen, die notwendig waren, um die Falter und deren Gespinst abzubilden.

Früher mußten die Stecher die Kupferplatte erst hämmern, um einen bestimmten Härtegrad zu erreichen, bevor sie die Kupferplatte abschliffen und polierten, denn »das Kupfer soll fein sauber und rein seyn, und wird das röteste ingemein vor das beste gehalten«, so steht es in einem Buch aus dem 17. Jahrhundert.

Bei der Arbeit hält der Künstler den Stichel in einem sehr spitzen Winkel zur Oberfläche der Platte. Wenn diese klein ist, liegt sie auf einem mit Sand gefüllten Lederkissen. Für große Platten brauchen die Stecher ein wie ein Pult geneigtes Tischgestell, das jedoch beweglich sein muß, um die Platte dem Zuge des Stichels entgegen führen zu können. Der Stecher muß für die richtige Beleuchtung sorgen, damit ihn das Kupfer nicht blendet und er seine Arbeit als dunkle Vertiefungen sieht.

Wer den Kupferstich ausführen will, muß nicht nur das Handwerk perfekt beherrschen, er sollte auch einen »Kupferstechergeist« haben. Der Kupferstich ist eine Technik, die Disziplin, Ausdauer und Konzentration und einen klaren Geist verlangt. Es ist eine Technik, die Maria Sibylla Merians Wesen entsprochen und sie vielleicht so erfüllt hat, wie das ein Buch über den Kupferstich beschreibt: »Wenn der erste Einsatz auf das Metall gewagt ist, wenn sie den Atem anhält und ihr dann tief ausatmend die erste Furche gelungen ist, dann fühlt sich die Stecherin im Zustand der Gnade. Sie ist verpflichtet ... zehn, zwanzig, dreißig Stunden lang und mehr, dieses Feuer des ersten Augenblicks bis zur Vollendung der Arbeit zu nähren.«

Der Raupen wunderbare Verwandlung

*Veröffentlichung des Raupenbuches,
Ehekrise, Rückkehr nach Frankfurt,
Trennung von ihrem Mann*

1678–1685

Der Winter ist sehr kalt im Jahre 1679. Als endlich der Frühling in Nürnberg einzieht, bringt er »temperierten Regen«, auf den starker Sonnenschein folgt. Maria Sibylla beobachtet, daß das Wetter den Raupen gut bekommt, »dadurch sie erfrischt und stets grösser worden«. Während sie sich freut, daß die Tiere dicker und zahlreicher sind als je zuvor, fürchten manche Leute das »sehr viel und große Raupengezeug«. Sie fragen die Frau Gräffin, die sich mit diesem Getier ja auskennen soll, »ob es auch künftig nichts Böses vielleicht bedeuten möchte?«

Maria Sibylla gibt mit ihrer, wie sie selbst formuliert, »weiblichen Einfalt« folgende Antwort: »Daß dieses fressige Raupengezeug an und für sich selbst und allbereit nichts Gutes bedeute, zeigen die fast leeren Fruchtbäume und andere mangelhafte Kräuter selbst …« Sie verweist auch darauf, daß Gott schon für die Menschen sorgen und alles Zerstörte »mit reichem Segen« wieder ersetzen werde.

Mit ihrer Antwort stellt sich Maria Sibylla gegen die

Abergläubischen, die in den Insekten Vorboten einer Gottesstrafe sehen. Gegen das teuflische Getier fanden noch zu ihren Lebzeiten sogenannte Tierprozesse statt, weil man in den Tierkörpern Seelen vermutete, nicht nur die Seelen von Verstorbenen, sondern auch die von Dämonen. Bei Insektenplagen riet die katholische Kirche denn auch manchmal zum Exorzismus, der rituellen Teufelsaustreibung.

Sogar der heute geläufige Begriff »Schmetterling« hat seine Wurzeln in mittelalterlicher Hexenfurcht. Einem alten Volksglauben zufolge nahmen Hexen die Gestalt dieser schönen Tiere an, um so getarnt ihrem Hauptgeschäft nachzugehen, dem Verderben von Milch- und Buttervorräten. Das Wort »Schmetten« bedeutete im alten Ostpreußen nämlich Milch und Sahne, und der »Schmetterling« war demzufolge ein »Schmantlecker« oder eine Butterfliege. Im Englischen heißt er noch heute so: *butterfly*.

In einer Zeit, in der Furcht vor der aus Schlamm geborenen Teufelsbrut und den Milchverderberinnen noch umgeht, gehört Mut dazu, dem Aberglauben die eigene, naturwissenschaftliche Beobachtung entgegenzusetzen. Maria Sibylla Merian stellt klar, »daß alle Raupen aus ihrem Samen, so die Vögelein zuvor gepaart, hervorkommen«. Frauen wie sie gehen damals ein nicht zu unterschätzendes Risiko ein, als »Hexe« oder »Zauberin« angeklagt, gefoltert und auf dem Scheiterhaufen verbrannt zu werden. Schließlich wird erst im Jahre 1775 – knapp hundert Jahre nach dem Erscheinen des Raupenbuches – die letzte »Hexe« in Deutschland hingerichtet.

Für das Raupenbuch, das Maria Sibylla 1679 herausgibt, hat sie fast zwanzig Jahre lang beobachtet und gemalt. In den letzten fünf Jahren bereitete sie die Veröffentlichung intensiv vor, vollendete die Kupferstiche und verfaßte die Texte. Sie gibt ihrem Werk den Titel »Der Raupen wunderbare Verwandelung und sonderbare Blumennahrung«, den sie durch folgenden Text erläutert:

worinnen
durch eine ganz neue Erfindung
der Raupen, Würmer, Sommervögelein, Motten
Fliegen und anderer dergleichen Thierlein
Ursprung, Speisen und Veränderungen
samt ihrer Zeit, Ort und Eigenschaften ...
fleissigst untersucht, kürzlich beschrieben ...
und selbst verlegt
von
Maria Sibylla Gräffin

Mit verschieden großen Buchstaben setzt sie den Texttitel des bahnbrechenden »Raupenbuches« so kunstvoll, daß sein Umriß an ein Blatt erinnert. Der Verweis auf den berühmten Vater – Empfehlung und Werbung zugleich – fehlt hier natürlich nicht: Sie ist eben nicht nur Frau Gräffin, sondern des »Matthaei Merians, des Eltern, Seel. Tochter« geblieben. Bewußt stellt sie sich in die Familientradition.

Als Verleger zeichnet auch Johann Andreas Graff verantwortlich. Außerdem ist das Buch in Frankfurt und Leipzig zu finden. Durch alte Beziehungen »offerirt« Maria Sibylla ihr Werk »auf der Herbstmeß zu Frankfurt«. Im Vorwort erwähnt sie ihren Mann zum ersten und zum letzten Mal in einem ihrer Bücher. Sie betont, daß sie die Futterpflanzen abgezeichnet habe »mit wohlgeleister Hülfe meines Eheliebsten«.

Hilfe und Ermutigung kann sie sicher gut gebrauchen, denn Frau Gräffin beweist mit dem Raupenbuch noch auf einem anderen Gebiet Mut: Sie faßt ihre Forschungsergebnisse in der deutschen Sprache ab. Das ist damals keineswegs üblich. Latein ist immer noch die unumstrittene Sprache der Wissenschaft, die an den Universitäten in aller Welt zu Hause ist. Es ist zugleich die Herrschaftssprache im wörtlichen Sinne, die Sprache der gelehrten Herren. Die Frauen haben im 17. Jahrhundert noch keinen Zutritt zu den Universitäten. Bestenfalls können sie, wenn sie in einer Gelehrtenfamilie aufwachsen, mit Hilfe eines Privatlehrers oder des Vaters das Latein erlernen. Diese Möglichkeit hat sich der Verlegers- und Bürgerstochter Merian nicht geboten.

Die Sprachwissenschaftlerin Ingrid Guentherodt

sieht in Maria Sibylla eine »gelehrte Frau«, die »wissenschaftlichen und sprachlichen Pioniergeist« entwickelt hat. Sie leistete einen wichtigen Beitrag, daß sich die »geschlossene Gelehrtenrepublik« langsam umorientierte und Forschung öffentlich wurde. Erst die Landessprache ermöglichte schließlich eine Verständigung mit den normalen Menschen, brachte die Wissenschaft unters Volk.

Ein Lobgedicht steht, wie damals üblich, am Anfang des Raupenbuches. Verfaßt hat es der Landwirt und Amateurastronom Christoph Arnold. Er stellt die Merianin in eine Reihe mit naturkundigen Größen der damaligen Epoche und betont:

Es ist verwundernswerth, daß ihnen auch die Frauen
dasjenige getrauen
zu schreiben, mit Bedacht
was der gelehrten Schaar so viel zu thun gemacht.

Ein Kranz aus Zweigen des roten Maulbeerbaums schmückt den ersten Kupferstich. Auf den sich kreuzenden Enden der Zweige steht ihr Name, wie in ein Schmuckstück eingraviert. Auf den angefressenen Blättern tummeln sich die Seidenraupen, und das ist kein Zufall: Maria Sibylla ist schließlich »vermittels der Seidenwürmer auf der Raupen Veränderung gekommen«. Mit dem Ehrenplatz auf dem Titelblatt bedankt sie sich bei dem kleinen Tier, das ihr als Mädchen den Anstoß gab und ihre Neugier weckte, die Insekten weiter zu erforschen. Auch mit Worten lobt sie die Seidenraupe: »Nachdem fast jedermänniglich bekannt, daß der Seidenwurm der allernutzbarste unter allen Würmern sey und als der edelste den anderen weit vorgehe; also hab ich gegenwärtigen Anfang von ihm nehmen, und auch zu dessen Ehren das Titelblatt dieses Büchleins machen wollen.«

Maria Sibylla erklärt dem Leser, warum sie es wagt, einer breiten Öffentlichkeit die »wunderbarlichen Veränderungen« der Raupen vorzustellen:

»So oft nun solches geschehen, hat man Gottes sonderbare Allmacht und wunderbare Aussicht auf so unachtsame Tierlein und unwerte Vögelein gerühmt und hoch gepriesen. Welches dann auch mich so weit gebracht und endlich bewogen, zumal da ich oftmals von gelehrten und vornehmen Personen darum ersucht und gebeten worden, der Welt in einem Büchlein solches Göttliche Wunder vorzustellen ...«

Aus diesen Worten spricht eine damals weit verbreitete pantheistische Religiosität und Weltsicht: Gott und Natur sind für Maria Sibylla Merian eins, und jedes Geschöpf der Natur ist ein Gottesgeschöpf, das Achtung verdient und nach Naturgesetzen lebt. Wohl auch aus diesem Grund entdecken die Zeitgenossen der Merian das Naturstudium, erobern Käfer und Schnecken die barocken Blumenbilder.

Auf den 50 Kupfern ihres Raupenbuches, die sie alle selbst gestochen hat, geht sie behutsam mit ihren Motiven um. Sie hat sie alle »nach dem Leben« abgemalt, und auch in diesem Punkt ist sie eine Pionierin: Sie begnügt sich nicht damit, obwohl es bequemer gewesen wäre, die Pflanzen- und Tiersammlungen der reichen Naturliebhaber abzuzeichnen. Maria Sibylla sucht die Tiere in ihrem natürlichen Lebensraum auf. Sie will sehen, wie sie fressen, kriechen und fliegen. Bewußt verzichtet sie auch darauf, ihre Beobachtungen auszuschmücken, etwa mit antiken Landschaften, Putten und Sagengestalten oder anderen beliebten barocken Allegorien. Nur im Schwung der Stiele und Blütenblätter – zum Beispiel des beliebten »Tulipan« – offenbart sich verhalten der Zeitgeschmack.

Maria Sibylla Merians Darstellungen sind nicht überladen, weil sie sich auf das Wesentliche konzentriert. Dabei ist jedes Bild in sich ausgewogen, ein kleines Meisterwerk der Komposition. Im Zentrum des Kupferstiches steht gewöhnlich eine Pflanze: eine Garten- oder Wiesenblume, ein Unkraut oder eine Gemüsepflanze, ein Obstbaum oder eine Blumenhecke. Maria Sibylla Merian zeigt immer nur die Futterpflanze, auf die ein Tier angewiesen ist: Auf sie legt es seine Eier; von ihr ernährt sich die gefräßige Raupe, die als klitzekleiner Wurm aus dem Ei schlüpft; auf den Blättern oder von den Stielen der Wirtspflanze hängen die Puppen, aus denen schließlich die Schmetterlinge kriechen, die sich paaren und ihre Eier wieder genau auf der richtigen Futterpflanze ablegen. Jede Tafel stellt eine kleine Welt für sich dar, einen Kreislauf. Modern ausgedrückt: Maria Sibylla Merian dachte in ökologischen Zusammenhängen.

Kein Hintergrund lenkt den Betrachter ab. Die Pflanze scheint zu schweben, manchmal steckt sie in der Erde wie in einer Vase. Oft liegen auf dem unsichtbaren Boden verschiedene Entwicklungsstadien eines Tieres nebeneinander. Sie werfen kleine Schatten, wo sie den Boden berühren.

Das Original-Raupenbuch, von dem sich noch einige kostbare Exemplare in Museen finden, »wurde in Quartformat herausgegeben«, also etwa in der Größe eines Schulheftes. Nur ist es wegen des Büttenpapiers viel dicker und meistens in Leder gebunden. Einige Ausgaben sind mit einem Goldschnitt geschmückt. Maria Sibylla Merian hat alle fünfzig Kupferstiche durchnumeriert. Jede Abbildung ergänzt sie durch einen meist zweiseitigen Text. Die Zuordnung geschieht durch die Überschrift, den Namen der Futterpflanze, und neben der Bezeichnung, die im Alltag verwendet wird, steht der lateinische Fachausdruck.

Maria Sibylla Merian erklärt, warum sie für die Falter einen bestimmten Namen auswählt: »Andere nennen sie Buttervögelein, Zwifalter, Fledermäuse und dergleichen; ich aber will das Wort Sommervögelein darum behalten, dieweil sie mehrenteils im Sommer fliegen und ihnen also solcher Name billig zusteht.« Dagegen nennt sie die Tiere »Mottenvögelein«, die nie »um die Mittagszeit« fliegen, »sondern vielmehr gegen dem Abend zu oder bey Nacht; da sie sich dann sehen lassen und ihr flatterndes Geräusch, gleich den Fledermäusen genugsam zu erkennen geben. Weswegen man sie an etlichen Orten auch so nennet.« Sie teilt die Schmetterlinge also in die zwei großen Gruppen ein, die auch heute zu ihrer Unterscheidung benutzt werden: die Tag- und die Nachtfalter.

In knappen, aber sehr anschaulichen und treffenden Worten vermittelt Maria Sibylla Merian ihre Beobachtungen: Ein Gespinst gleiche »einem gestrickten Fischsack«, und eine Raupe, die sich häutet, »schiebt ihre Haut drey oder vier mal ganz ab, eben wie ein Mensch über den Kopf ein Hemd auszieht«. Verpuppt sich eine Raupe, erinnere sie in kurzer Zeit an »ein eingewickeltes Kind«.

Der Leser erfährt, wann, wo und wie sie ihre Beobachtungen gemacht hat, und er kann nur über ihre Geduld und Ausdauer staunen. Sie betont, »daß es mich grosse Mühe und Zeit gekostet, solche Tierlein zu sichern, ihnen ihre Speise viele Tage auch Monaten zu reichen …« Hat sie die richtige Futterpflanze einmal nicht zur Hand, sucht sie Ersatz. Den Seidenwurm zum Beispiel füttert sie mit Salatblättern, die jedoch »fleissig abgetrucknet werden müssen …, denn sobald sie etwas Faules oder Nasses essen, so werden sie krank und sterben«. Etliche Jahre habe sie andere »subtile Räuplein« mühsam ernährt, bis sie endlich überlebten. Ein anderes Mal ist es genau umgekehrt: Sie sieht eine »von der Natur überaus nett gezeichnete Motte« und sucht Jahre, bis sie die dazugehörige Raupe findet. Um zu sehen, wie aus einem Engerling ein Maikäfer wird, muß sie mindestens drei Jahre warten, so lange dauert nämlich diese Verwandlung. Stück für Stück ordnet sie die einzelnen Beobachtungen einander zu, bis wieder eine Verwandlungskette vollständig ist.

Sie gibt zu, daß sie anfangs immer überzeugt war, »daß eine schöne Raupe auch ein wohlgestaltetes Motten- oder Sommervögelein, eine häßliche Raupe eben dergleichen Vögelein gebe: Ich befand aber nach und nach aus so vielfältiger Erfahrung, daß meine Meinung nicht recht ... Ich hab erfahren, daß aus mancher unansehnlicher Raupe oft etwas gar schönes worden ist.« Ist es bei den Menschen nicht ähnlich? Ein schönes Äußeres bedeutet noch keinen guten Charakter oder eine interessante Persönlichkeit. Vielleicht hat Maria Sibylla diese Erfahrung notiert, weil sie sich an ihre Mutter erinnerte, die ständig die fehlende Schönheit der Tochter beklagt haben soll.

Ihre Mühe und Freude, ihre Verwunderung und Begeisterung bei der Arbeit verschweigt sie nicht. Sie berichtet, ob sie ein Tier seltsam oder gewöhnlich, schön oder häßlich findet. Doch von der Schönheit des Tagpfauenauges oder Schwalbenschwanzes, des Perlmutterfalters oder Kaisermantels läßt sich die Forscherin Merian nicht blenden: »Sintemal das allergeringste Tierlein vielmals das größte Nachsinnen verursacht, und unsere Naturforscher Augen am allermeisten beschäftigt.«

Maria Sibylla beschreibt genau das Aussehen jedes Tieres und seine Erscheinungsformen, vom Ei bis zum Kot, den es produziert. Ein »Microscopio«, ein sogenanntes »Vergröß-Glas«, hilft ihr dabei. Aber auch das Verhalten der Tiere interessiert sie: Sind die Raupen gefräßig und die Motten sehr »geil«? Krabbeln die Raupen langsam oder schnell? Rollen sie sich zusammen, erstarren sie, oder machen sie sich aus dem Staub, wenn sie die Raupen vorsichtig mit einem Stöckchen piekst? Welche Farbe und welches Muster haben sie in jeder Entwicklungsstufe?

Ihre Bilder und Beschreibungen sind mehr als naturgetreu. Sie vermitteln ihr Staunen und ihre Begeisterung über die Metamorphose der Schmetterlinge. Ist es nicht wirklich phantastisch, wie aus einer Raupe, »diesem erdverhafteten, Grünzeug fressenden Muskelschlauch«, aus einem »Wurm«, der vielen nur ein Igittigitt entlockt, ein Falter entsteht, der durch die Luft gaukelt, eine »Blume mit Flügeln«?

Auf den süßen, frühen Kirschen findet sie zum Beispiel die Raupe, die einen Reusenkokon für die Puppe spinnt, aus dem schließlich das Weibchen des Nachtpfauenauges schlüpft. Seine Raupe hat »eine so schöne grüne Farb wie im Frühling das junge Gras ... mit einem schönen geraden, schwarzen Strich über den ganzen Rucken und auf jedem Glied hinabwarts auch einen schwarzen Streif, worauf vier weiße, runde Körnlein gleich den Perlen geschienen: Worunter ein gold-gelbes, längliches Düpfelein ist, und unter diesen noch ein weisses Perlen ... Auf gedachten jeden Perlen geht ein langes, schwarzes Häarlein samt anderen kleinen heraus, welche hart, daß man sich bald daran stechen sollte. Merkwürdig ist es, daß diese Art Raupen, wann sie keine Speise haben, einander selbst für grossen Hunger auffressen ... Wann solche Raupe nun ihre völlige Grösse erlangt ... macht sie ein hartes und glänzendes Gespinst dem Silber gleich, rund wie ein Oval, worinnen sie zuvor ihre ganz klein zusammengerollte Haut abschiebt und sich in einen lederfarbenen Dattelkern verändert. Der Mottenvogel nun ist weiß, hat graue, gedüpfelte Flecken, zwei gelbe Augen und zwei braune Hörner, auf jedem Flügel derer vier, etliche runde Cirkel in und um einander, welche schwarz und weiß, auch gelb sind: Am Ende der Flügel ist er braun, nah am Ende aber hat er noch zwei schöne, rosafarbene Flecken.«

Es überrascht vielleicht, daß Maria Sibylla im Text des Buches die Farben der Tiere und auch der Pflanzen so genau beschreibt. Doch nicht alle ihre Raupenbücher sind koloriert. Ein Interessent kann das Werk im Nürnberger Familienverlag vollständig oder halb ausgemalt, aber auch mit normalen Kupferdrucken bestellen, je nach Geldbeutel. Wird ein mit Wasserfarben ausgeschmücktes Exemplar geordert, verwendet Maria Sibylla die gleichen Texte. Nur die Kupferstiche verändert sie und stellt einen sogenannten Umdruck her.

Dafür fertigt sie zuerst einen ganz normalen Kupferdruck an. Diesen noch feuchten Abdruck preßt sie auf ein leeres, angefeuchtetes Blatt Papier. Heraus kommt ein Kupferstich, der durch das zweimalige Drucken nicht mehr seitenverkehrt ist. Außerdem – und das ist wichtiger – erscheinen die Linien schwächer und die Konturen weicher. Dadurch wird der Umdruck zu einer idealen Malvorlage. Wenn Maria Sibylla jetzt die Pflanzen und Schmetterlinge koloriert, verschwinden die Randlinien fast. So verwandelt sie den harten Kupferstich fast in ein durchscheinendes Aquarell.

Maria Sibylla entwickelt eine wahre Meisterschaft im Kolorieren. Unendlich viele Grüntöne kann sie auf das Papier zaubern, sie beherrscht die leisesten Zwischentöne, und es gelingt ihr, jede Farbe nuancenreich schimmern zu lassen. Kommen mehrere Aufträge gleichzeitig ins Haus, schafft sie es nicht mehr ohne Hilfe. Dann malen Frauen, zum Teil Mitglieder ihrer Jungfern-Company, die in einer Art Schreibstube sitzen, nach ihren Vorlagen die bestellten Bücher aus.

Das Raupenbuch ist das geniale Werk einer forschenden Malerin, die das konventionelle »Blumenbuch« ganz hinter sich gelassen hat. Maria Sibylla Merian hat das zur Meisterschaft geführt, was sie als Mädchen begann. Mit dem Raupenbuch ist sie am Ziel. Sie hat ihren eigenen Stil gefunden, den sie zu Recht ihr Leben lang nicht mehr verläßt, denn verbessern kann sie nichts mehr.

Im Raupenbuch stellt sie ihre Kunst ganz in den Dienst der Naturwissenschaft. Kunst und Natur bilden keinen Gegensatz, wie schon ein Gedicht aus ihrem Blumenbuch verdeutlicht:

> So muß Kunst und Natur stets miteinander ringen,
> bis daß sie beiderseits sich selbsten so bezwingen,
> damit der Sieg besteh auf gleichen Strich und Streich:
> Die überwunden wird, die überwindt zugleich!
> So muß Natur und Kunst sich herzen und umfangen,
> und diese beiderseits die Hand einander langen:
> Wohl dem, der also kämpft! Dieweil, auf solchen Streit,
> wann alles ist getan, folgt die Zufriedenheit.

Zu Beginn der wissenschaftlichen Revolution und Aufklärung existiert die Insektenkunde, die heute Entomologie heißt, als eigenständige Wissenschaft noch nicht. Biologie bedeutet damals Klassifikation. Nichts anderes macht Maria Sibylla Merian, wenn sie systematisch beobachtet, beschreibt und zuordnet. Sie betritt unerschrocken wissenschaftliches Neuland und wird so zur ersten deutschen Insektenforscherin, ja zu einer der ersten modernen Naturforscherinnen auf der Welt überhaupt. Sie braucht dazu außer ihrem Fleiß und ihrer Geduld auch ein Gefühl für Zusammenhänge und eine gehörige Portion Intuition. Sie hat den Genius, der Frauen oft abgesprochen wird.

Als Forscherin stößt sie an Grenzen. Sie versteht zum Beispiel nicht, warum aus einigen Raupen keine Falter, sondern Fliegen hervorkriechen, manche mit »wüstem Gestank«. Sie kann sich diese »Unordnung« nicht erklären. Herauszufinden, was die »rechte Ursach solcher unordentlichen Veränderungen sey«, überlasse sie »den Herren Gelehrten«.

Heute wissen wir, daß zum Beispiel Schlupfwespen ihre Eier in Raupen legen, in deren Puppe schließlich die Schmarotzerbrut heranwächst und an Stelle des Schmetterlings schlüpft. Sie hat das anfangs noch nicht erkannt, dafür aber eine der ersten Darstellungen dieser Vorgänge geliefert.

Trotz Fehlern, die Maria Sibylla Merian unterlaufen oder besser unterlaufen müssen, leistet sie durch ihr

genaues Beobachten und Beschreiben Grundlagenarbeit. Sie hat die verschiedenen Formen der Schmetterlingseier gesehen und die unterschiedlichsten Puppen- und Raupenformen richtig dargestellt. Sie hat die nackten und dichtbehaarten Raupen gezeichnet, auch die »Würmer« mit den Haarbüscheln, die an Bürsten erinnern. Auf ihren Bildern kommen der Puppenkokon vor, die Puppen in Erdhöhlen und Gespinsten unter Rinde, Moos und Steinen. Sie hat die Gürtelpuppen gezeichnet, die sich mit einem Seidenfaden an der Pflanze »festbinden«, indem sie den Faden wie einen Gürtel um ihren Leib schlingen. Und auch die Stürzpuppen, die kopfabwärts hängen, hat sie neugierig betrachtet: »Ferner dient zu wissen, daß ein solcher Dattelkern, welcher von oben herab hängt, mit einem solchen festen Faden angesponnen, daß man eines Messers zu dessen Abschneidung fast benötigen ist.«
Die Flügel der Schmetterlinge, deren Formen und Zeichnungen, die Rüssel und Fühler der Insekten hat sie so exakt wiedergegeben, daß Wissenschaftler heute bei etwa zwei Drittel der abgebildeten Tiere die Gattung und bei mehr als der Hälfte die Art sicher bestimmen und Männchen und Weibchen unterscheiden können.* Maria Sibylla Merian hat im Raupenbuch

---

* Um ein Tier zu bestimmen, unterscheiden die Biologen zum Beispiel für den Großen Schillerfalter: Klasse (Insekten), Ordnung (Schmetterlinge), Familie (Edelfalter), Gattung (Schillerfalter), Art (Großer Schillerfalter).

also eine erste, bildliche Systematik der Schmetterlinge geliefert, in einer verblüffenden Genauigkeit.

Nach dem Erscheinen des Raupenbuches im Jahre 1679 werden noch über fünfzig Jahre vergehen, bis der schwedische Naturforscher Carl von Linné mit seiner 1735 erschienenen Abhandlung »Systema Naturae« den Grundstein für ein übergreifendes Klassifikationsschema und eine einheitliche Namengebung legt und so die Geburtsstunde der modernen Biologie* schlägt. Linné kennt und verwendet dabei auch die Arbeiten von Maria Sibylla Merian. Ihr zu Ehren gibt er einer Mottenart den Namen »Tinea Merianella«.

Das Raupenbuch ist ein bahnbrechendes, wissenschaftliches Buch. Es beweist: Geist hat kein Geschlecht. Und doch ist es auch erkennbar das Werk einer Frau. Ist es mehr als ein Zufall, daß in der damaligen Zeit ausgerechnet eine Frau das Buch geschrieben hat? Botanik galt zum einen als ein für Frauen durchaus schickliches Arbeitsgebiet. Trotz Aberglauben und Vorbehalten konnten sie sich hier entfalten. Zum anderen zeigt ein Blick in die Wissenschaftsgeschichte, daß forschende Frauen immer dann mehr Freiräume hatten, wenn ein Gebiet noch nicht etabliert war. Dann konnten sie Pionierinnen sein, oder – so eine andere

---

* Biologie bedeutet Studium der Lebensvorgänge im Gegensatz zum Studium der Natur. Die Bezeichnung Biologie kam jedoch erst im 19. Jahrhundert auf.

Sichtweise – dann waren die Frauenzimmer geduldet als willige Arbeiterinnen, die sammelten, beobachteten und ordneten, also die mühsame »Dreckarbeit« erledigten.

Wurde ein Fach anerkannt, machte es schließlich seinen Weg an die Universitäten. Jetzt änderten sich die Verhältnisse, es ging um Ruhm, Geld und Macht. Wer nun forschen wollte, mußte eine bestimmte Ausbildung vorweisen und auf der Hochschule ein Studium absolvieren. Das konnten die meisten Frauen jedoch nicht, weil sie Kinder hatten oder die Universitäten sie nicht aufnahmen. Sicher zog die Insekten- und Pflanzenkunde gerade in ihren Anfängen auch deshalb viele Frauen an, weil sie zu Hause lernen und studieren konnten. Die Küche und die Kinder erledigten sie neben ihren Forschungen, genau wie die Frau Gräffin.

Im Hegen und Pflegen und geduldigen Umsorgen der Raupen offenbart Maria Sibylla Merian außerdem »typisch weibliche« Qualitäten, zu denen das Wort »mütterlich« paßt. Es sind Eigenschaften, die damals – und noch heute – Mädchen stärker als Jungen anerzogen sind. Weiblich ist auch ein stärkeres Sich-Beziehen-auf-andere, was ein Denken in Zusammenhängen unterstützt: Zum Beispiel stellt kein Insektenforscher ihrer Zeit so deutlich wie sie die Abhängigkeit der Schmetterlinge von einer Futterpflanze dar.

In vielen Vergleichen vermittelt Maria Sibylla Merian ihre ganz persönliche, weibliche Sicht der Dinge.

Bewundernd erinnert sie beispielsweise an die »fleissige Liebe« eines »Mutterräupleins«, das, »weil ihr Leben nach ihrem falschen Eierlegen* nicht länger zu dauern vermag, ihre Jungen vorher zusammen zu spinnen und für allerley Schaden alsogar zu verwahren trachtet, damit ja keines vom andern verloren gehen und umkommen möge: Zu welchem Ende sie dann ... vor ihrem (so zu reden) mütterlichen Abschied ihre erstbesagten Jungen zusammen verbinden und auf das allergenauste miteinander durch solches natürliche Band verknüpfen müssen.«

Maria Sibylla Gräffin ist 32 Jahre alt, als ihr Raupenbuch Aufsehen erregt. Wie sie zu dieser Zeit aussieht, überliefert das Ölgemälde eines unbekannten niederländischen Meisters (s. Abb. S. VII im Bildteil), zu dem wohl ihr Stiefvater den Kontakt hergestellt hat, denn Morell hat Maria Sibylla einige Male in Nürnberg besucht. Blaß sieht sie aus, nur die Wangen sind leicht gerötet. Ihr Gesicht mit der hohen Stirn, das durch die dunklen Haare und die schwarze Kleidung betont wird, erscheint breitflächig. Eine Schönheit ist Maria Sibylla nicht: Ihre Nase ist etwas zu groß, sie hat ein fliehendes Kinn. Doch sieht sie sicher nicht so unscheinbar und verzerrt aus wie auf den meisten Abbildungen, die sie als junge Frau zeigen. Denn diese Stiche

---

* Die angeblich »falschen Eier« sind jedoch die Puppen eines Parasiten.

und Radierungen sind fast ausnahmslos nach ihrem Tod entstanden; als Vorlage diente den Künstlern ein Altersbild*.

Sparsam hat sie sich geschmückt. Die Brosche und die Haarspange zieren schwarze Steine. Zu der zweireihigen Perlenkette passen die Ohrringe, deren einzelne große Perlen die Form einer Träne haben. Maria Sibylla Merian trägt auf dem Porträt eine schlichte holländische Tracht aus schwarzem Samt und schwarz glänzendem Tuch mit geschlitzten Ärmeln, die dreißig Jahre zuvor modern war. Einige Experten zweifeln deshalb, ob das Bild wirklich Maria Sibylla zeigt. Doch es ist wahrscheinlicher, daß diese Kleidung eine bewußte Wahl des Modells oder des Malers war: ein Bekenntnis gegen zuviel Äußerlichkeit und für eine innerliche Frömmigkeit.

Das »Baseler Bildnis« zeigt Maria Sibylla als eine stille Frau, die fast traurig wirkt. Doch strahlt das Gesicht mit den braunen Augen nicht auch Willenskraft aus? Umspielt den Mund nicht auch ein kleines, zufriedenes Lächeln? Hier blickt uns eine Persönlichkeit an, eine Frau, die ihren Weg gefunden hat.

In den folgenden Jahren brechen in der Ehe der Merian unüberbrückbare Konflikte aus, die sicher schon lange schwelten und vielleicht durch die Geburt der zweiten

---

* Altersbild s.S. XVI im Bildteil

Tochter kurze Zeit überdeckt worden waren. Das Ehepaar schweigt dazu.

Möglich ist, daß sich Maria Sibylla durch ihre besessene Arbeit ihrem Mann zunehmend entfremdet hat. Er soll Liebschaften hinter ihrem Rücken gehabt haben, was sie sehr verletzt hat. Als Künstlerin ist sie unzweifelhaft fleißiger und erfolgreicher als Graff, der unstet keine Arbeit richtig zu Ende bringt. Macht ihm das zu schaffen, ist er gekränkt oder gar neidisch? Auch intellektuell hat sie ihren Ehemann hinter sich gelassen. Er ist kein forschender, fragender Geist und nicht jemand, der die Antriebsfeder ihrer Arbeit versteht, ihre ehrliche Religiosität und ihren Ernst. Durch ihre Arbeit kommt Maria Sibylla nicht nur zu Ruhm, sie entwickelt auch eine eigene Identität. Spürt sie, daß Graff in ihrem Leben immer unwichtiger wird oder sie gar in ihrer Entwicklung hemmt?

Als Maria Sibyllas Stiefvater, Jacob Morell, im Jahre 1681 stirbt, hinterläßt er seiner Frau kein Vermögen, sondern so viele Schulden, daß sie diese selbst durch den Verkauf der 320 Bilder aus seinem Bilderhandel nicht decken kann. Matthäus Merian der Jüngere bemerkt fast hämisch, daß seine Stiefmutter mit diesem kleinen Maler »das gute Geld verzehrt hat, also daß sie nach seinem Tod das Gnadenbrot bei ihrer Tochter essen mußt«. Maria Sibylla hilft ihrer Mutter bei der Abwicklung des Nachlasses und reist öfter nach Frankfurt, wo sie sich um die alte Frau kümmert.

Die Situation in Frankfurt ist ein triftiger Grund und gleichzeitig ein willkommener Anlaß für Maria Sibylla, in ihre Geburtsstadt zurückzukehren. Im Jahre 1682 zieht sie mit ihren Töchtern um, die vier und vierzehn Jahre alt sind. Sie nimmt ihre Arbeit sofort wieder auf: »Als ich aber (nach 14jähriger Wohnung zu Nürnberg, durch Gottes Schickung) wieder nach Frankfurt am Main zog, fand ich an dem Bockenhaimer Wege den 14 May zur Frühe an den Schlehenhecken ein großes Gespinst, worauf etlich und 70 Raupen ... lagen in einem runden Zirkel beisammen ganz dicht, sie sahen ... aus wie ein schwarzer, sammeter runder Fleck.« (3)

Der Umzug ist ein erster Schritt weg von ihrem Mann, aber sie trennen sich noch nicht endgültig. Johann Andreas Graff zieht nach und bleibt zunächst bei der Familie in Frankfurt. Maria Sibylla verläßt ihren Mann nicht »aus einer besonderen Caprice«, sie läßt sich Zeit und überlegt reiflich.

Ein Jahr nach ihrem Umzug, im Jahre 1683, veröffentlicht sie den »anderen Theil« des Raupenbuches. Das Buch kommt in Frankfurt heraus, wo das Merianische Verlagshaus immer noch ansässig ist. Doch im väterlichen Verlag erscheint weder dieses noch jemals ein anderes Werk von »Merians Tochter«, ein untrügliches Zeichen, daß sich das Verhältnis zwischen Maria Sibylla und Matthäus Merian dem Jüngeren nicht gebessert hat.

Das zweite Raupenbuch hat das gleiche Format wie

der erste Teil und trägt fast den gleichen Titel. Im Aufbau und in der Anlage hat die Autorin nichts geändert. Fünfzig Kupfer hat sie wiederum »selbst fleissigst« gestochen, doch diesmal seien »über die 100 Verwandlungen darinnen« zu sehen. Sie habe alles etwas gestrafft, nicht nur um den leeren Platz zu nutzen, sondern auch um Weitläufigkeit zu vermeiden, »... damit das Werklein (so viel möglich) zusammen gezogen, und der günstige Leser bey mehreren Lust erhalten werden möchte«. Maria Sibylla Merian selbst hat die Lust an ihren Beobachtungen noch nicht verloren. Sie wird ihre Arbeit fortsetzen, »zumal ich ein sattsames Vergnügen noch täglich darin befinde«.

Maria Sibylla Merian verkauft in Frankfurt wieder präparierte Tiere aus ihrem Fundus, »denn da ich nach meiner Gewohnheit sehr viel Sommer- und Mottenvögel, in einer Schachtel mit Heftlein oder Nadeln angestochen, aufbewahrt hielt, dem begierigen Liebhaber, so er das rechte Leben noch zu sehen verlangte, solche vorzuweisen«. Sie verdient auch Geld, indem sie ihre ehemaligen Schülerinnen aus der »Jungfern-Company« weiter mit Farben beliefert und Stammbücher illustriert. Wir wissen nicht viel über diese Frankfurter Zeit, nur daß sie im Jahre 1683 und 1684 zur Sommerfrische in Schwalbach weilt, dem Ort, den ihr Vater oft besucht hat und an dem er gestorben ist.

Im Sommer 1685 kehrt Johann Andreas Graff allein nach Nürnberg zurück; nach zwanzigjähriger Ehe trennen sich die beiden endgültig. Aus diesem Anlaß schreibt Maria Sibylla einer Bekannten in Nürnberg, daß ihr Mann »meiner hochwerten Jungfer wie auch allen den lieben Ihrigen aufwarten [wird], und bitte ich, wann er einen guten Rat vonnöten hat, Sie seine wenige Person sich lassen recommandiert sein, da er wohl guten Rat wird vonnöten haben«.

Maria Sibylla unterrichtet ihren Mann davon, daß auch sie in diesem Sommer Frankfurt und Deutschland verlassen will. Im Juni notiert sie die letzten Streifzüge zu einem sumpfigen, halbvertrockneten Weiher außerhalb von Sachsenhausen. Dann reist sie mit ihrer Mutter und den zwei Töchtern nach Holland zu ihrem Stiefbruder Caspar, mit dem sie sich immer gut verstanden hat. Caspar hat sich seit 1677 einer Glaubensgemeinschaft angeschlossen, die in einem Schloß auf dem Lande nach urchristlichen Prinzipien lebt. Dorthin geht auch sie.

Wie die Schmetterlinge, deren Leben sie beobachtet, hat die achtunddreißigjährige Maria Sibylla Merian eine Stufe in ihrem Leben, in ihrer persönlichen Entwicklung erreicht, in der sie Ruhe braucht und Zeit zum Nachdenken. Wie eine Raupe sich in einen Kokon einspinnt, so zieht sie sich auf das Schloß Waltha zurück.

Sucht nicht meine, sondern Gottes Ehre

*In der Labadistengemeinde in Holland,
erste Kontakte mit Surinam,
Tod des Bruders und der Mutter*

1685–1691

Windmühlen begrüßen in Holland die vier Merian-Frauen: Maria Sibylla und ihre alte Mutter, die siebzehnjährige Johanna Helena und die siebenjährige Dorothea Maria. Nahe des Dorfes Wieuwerd in Westfriesland liegt Schloß Waltha. Eine prächtige Allee führt zum steinernen Eingangsportal, dessen spitze Giebel zwei Säulen tragen. Eine schwere, große Holztür öffnet sich zu einem Hof, um den sich die Hauptgebäude gruppieren. Ein Kanal umschließt – wie ein schützender Wassergraben – das viereckige Kernstück des herrschaftlichen Anwesens, das von Gärten und Feldern umgeben ist.

Schloß Waltha gehört der holländischen Familie van Sommeldijk, die Anhänger der Labadisten sind. Dieser radikalen protestantischen Glaubensgemeinschaft haben sie ihren Besitz zur Nutzung überlassen. In der Kommune leben die drei Schwestern des Lord van Sommeldijk. Er selbst weilt als Gouverneur in Südamerika, in der niederländischen Kolonie Surinam. Diese Verbindung zur Neuen Welt, die Christoph Columbus 1492 entdeckt hat, wird schicksalhaft für das Leben von Maria Sibylla Merian sein.

Davon ahnt die Frankfurterin noch nichts, als sie auf dem Schloß ankommt. Caspar Merian begrüßt seine Schwester und ihre Familie und führt sie in das Gästehaus, das speziell für Neuankömmlinge bereitsteht. Etwa 350 Franzosen, Holländer und Deutsche leben und arbeiten gemeinsam auf dem großen Besitz, über den die Wohnhäuser und Wirtschaftsgebäude verstreut sind. Die Kommune versorgt sich weitgehend selbst, ihre Mitglieder betreiben eine Schmiede, eine Gerberei und Seilerei, brauen Bier und bestellen die Felder. Sie fertigen Seife in einer Siederei und weben Tuch, das sie weiterverkaufen.

Der Gruppe steht Pierre Yvon vor. Der Sektengründer und Namengeber, der Franzose Jean de Labadie*, ist schon seit über zehn Jahren tot. Die Labadisten, die auch den Namen »Lichtkinder« führen, sind eine der zahlreichen Gruppen, die sich im 17. Jahrhundert allerorten zusammenfinden. Sie empfinden den lutherischen Glauben als erstarrt und zu eng. Ein Leben nach urchristlichen Regeln und ohne privates Eigentum wie auf Schloß Waltha streben sie an. Sie legen die Bibel neu aus und besinnen sich mehr auf neue religiöse Gefühle. Eine »zweite Reformation« will der

---

* Jean de Labadie, geboren 1610 in Bordeaux, gestorben 1674 in Altona, war ein ehemaliger Jesuit, also früher Katholik gewesen.

Pietismus, wie diese neue Glaubensströmung heißt, anregen.

Maria Sibylla ist mit solchen Gedanken von Jugend an in Berührung gekommen. In Frankfurt sammelten sich schon damals frühpietistische Gruppen um den Theologen Philipp Jakob Spener (1635–1705), zu denen auch die Witwe Merian Kontakt gepflegt hatte. Im Jahre 1675 erregte das Hauptwerk Speners nicht geringes Aufsehen: »Pia desideria oder Herzl. Verlangen nach gottgefälliger Besserung der wahren Ev. Kirchen«. Für Spener war das Christentum an den einzelnen gebunden, sein Thema war die persönliche »Wiedergeburt« jedes Menschen. Maria Sibylla hat durch ihre Mutter Speners vielbeachtetes Werk sicher gekannt.

Der Pietismus war auch eine Reaktion auf den Dreißigjährigen Krieg, der zum großen Teil um der Religion willen geführt worden war. Was für eine Religion mußte das sein, in deren Namen solche Schrecken und Not über die Menschen kamen? Eine Rückbesinnung auf das, was Christ sein wirklich bedeutet, tat wahrlich not. Auch der Bruder von Maria Sibyllas Mutter wirkte als radikaler, protestantischer Prediger, und ihr Stiefvater Morell stammte aus einer protestantischen Familie, die man wegen ihres Glaubens verfolgt hatte.

Im Jahre 1672 wurde eine Schrift von Jean de Labadie ins Deutsche übersetzt, und zwar das »Traktätlein von der Selbst-Verläugnung oder von dem Selbst und dessen mancherley Arten«. Er beschrieb darin, wie der Mensch sein egoistisches Selbst überwinden kann, um neu geboren zu werden mit einer geläuterten Seele. Ist das nicht ein ähnlicher Vorgang wie die Metamorphose der Schmetterlinge, die auch Maria Sibylla Merian im ersten Teil ihres Raupenbuches mit einem Lied in einen religiösen Zusammenhang gestellt hat? Die letzte Strophe des Chorals verkündet, auch der Mensch werde nach seinem Tod auferstehen,

>... wie die Raupen sich verwandeln,
die durch ihre Sterblichkeit
wiederum lebendig werden,
gleich den Toten in der Erden.«

Sie hat den Leser ihres Buches außerdem ermahnt: »Suche hierinnen nicht meine, sondern allein Gottes Ehre, Ihn als Schöpfer auch dieser kleinsten und geringsten Würmlein zu preisen; alldieweil solche nicht von ihnen selbst ihren Ursprung haben, sondern von Gott.«

In ihrem Werk übt sie durchaus auch Kritik an ihren Mitmenschen, von denen viele in ihren Augen ein weniger gottesfürchtiges Leben führen als die geringen Tiere, die sie beobachtet hat: »Diese Tierlein wollt ich sagen, so von einer zukünftigen Seeligkeit nicht das allergeringste wissen und doch in ihrer eingeschränkten Ordnung beständig verbleiben, darin sie Gott gesetzt hat, sollten billig manche Menschen beschämt machen, der doch als Gottes Ebenbild zu dessen Lob erschaffen ist.« Gott habe die Tiere außerdem »... mit solcher Weisheit begabt, dass sie in gewissen Stucken die Menschen (wie es scheint) fast zu Schanden machen: Indem sie nämlich ihre Zeit und Ordnung fleissig halten, und nicht eher hervorkommen, bis daß sie ihre Speise zu finden wissen«.

Bei den Labadisten findet Maria Sibylla Merian mit ihrem Glauben eine geistige Heimat. Gleichzeitig bewahrt sie sich einen nüchternen, analytischen und unabhängigen Geist, der verhindert, daß sie zu einer ausschließlich dienenden Gläubigen wird. Ihre Frömmigkeit hat ihren Forschergeist nie behindert oder beschränkt, sondern durchdrungen und – fast möchte man sagen – angestachelt:

»Diese bunten Vögelein ...
sollen meine Zeugen seyn;
daß ich sein Geschöpf noch achte
und mit sondrem Fleiß betrachte
alles, was auf Erden kreucht;
die von Gottes Güte leucht.«

Die Glaubensgemeinschaft entspricht noch in einem anderen Punkt ihrem Wesen. In den pietistischen Kreisen hatte die Frau eine überaus starke, fast gleichberechtigte Stellung inne: Weil sie gefühlsbetonter sei als der Mann, bevorzuge Gott sie als Werkzeug seiner Offenbarung. Ein »Vorurteil« schuf hier einmal für die Frau Achtung und Freiräume, in denen in der damaligen Zeit ein Stück Emanzipation lebbar wurde.

Viele Pietisten sahen in Christus eine »männliche Jungfrau«, ein androgynes Wesen, das weder Mann noch Frau war. War Gott kein Mann mehr, war der Mann auch nicht länger die Krone der Schöpfung, und die Frau galt auch nicht als die Alleinschuldige beim Sündenfall im Paradies. Die Frauen im Pietismus konnten »Prophetin, Führerin, Organisatorin« werden, und so fühlten sich selbständig denkende und unabhängige Frauen von den Labadisten angezogen.

Eine von ihnen war zum Beispiel Anna Maria von Schurmann. Sie schloß sich Jean de Labadie an und lebte mit ihm bis zu dessen Tod zusammen. Sie war Dichterin, Künstlerin und Theologin, sprach etwas Latein, Griechisch, Hebräisch und Arabisch; sie beschäftigte sich mit Botanik und Anatomie. Ihr Ruf als »zehnte Muse« und »Stern von Utrecht« war so legendär, daß es sich die Königin Christine von Schweden nicht nehmen ließ, sie auf einer geheimgehaltenen Reise durch Holland zu besuchen. Anna Maria von Schurmann lebte zeitweise als »Mama der Gemeinde« im friesischen Wieuwerd. Sie starb 1678, und Maria Sibylla Merian hat sie nicht mehr kennengelernt.

Anna Maria von Schurmann betonte unter anderem

das Recht der begabten und von anderen Pflichten freien Frauen, sich die Wissenschaft anzueignen. Während die Amtskirche naturwissenschaftlich forschenden Frauen mißtraute, waren bei den Labadisten Forscherdrang und Frömmigkeit keine Gegensätze. Auf Schloß Waltha vertieft Maria Sibylla ihre Lateinkenntnisse, nutzt die Bibliothek und führt ihre Forschungen weiter.

Alleinstehende Frauen waren bei den Pietisten genauso anerkannt wie als Ehefrau gleichberechtigt. Für die Ehe wählten sie einen Mann selbst aus, und gesellschaftliche Schranken bestanden nicht: Adlige konnten durchaus einen Bürgerlichen heiraten. Die Frau hatte ferner das Recht, sich von ihrem Mann zu trennen. Eine Ehe war außerdem automatisch ungültig, wenn nicht beide der Glaubensgemeinschaft angehörten, wie das bei Johann Andreas Graff und Maria Sibylla der Fall ist. Ihr Weg zu den Labadisten ist sicher auch ein bewußt gewählter Weg, die Scheidung von ihrem Ehemann zu erreichen.

Maria Sibylla muß nach dem Bruch mit Graff allein für die gemeinsamen Töchter und die Mutter sorgen. Sie hat kein Vermögen und keine großen Einkünfte. Die Kinder brauchen eine Ausbildung, und ihre eigene Arbeit will sie ebenfalls weiterführen. Von Matthäus Merian dem Jüngeren und seiner Familie kann sie kaum Hilfe erwarten. Sicher wußte sie vor ihrer Umsiedlung aus Caspars Briefen oder aus seinen Schilderungen, als er sie in Nürnberg besucht hat, wie es in der christlichen Gemeinde zugeht, wie alle zusammenarbeiten und ein fast klösterliches Leben führen. Vor der Reise nach Friesland muß ihr klar gewesen sein, daß sie dort Sicherheit und eine Lebensgrundlage für ihre Familie finden würde. Der Halbbruder Caspar bietet durch seine Anwesenheit den Frauen zudem den männlichen Schutz, der bei rechtlichen Fragen aus der Außenwelt einmal gebraucht werden könnte.

Maria Sibylla ist also nicht »aus einem übel verstandenen Religionseifer« zu den Labadisten gegangen, wie ihr oft nachgesagt wurde. Religiöse Motive, aber gleichzeitig auch starke materielle Gründe gaben den Ausschlag: Die Gemeinschaft sichert Bett und Brot, dort kann sie als alleinerziehende Mutter, Malerin und Forscherin überleben.

Maria Sibylla hat nun Zeit, sich um ihre Töchter zu kümmern. Sie unterweist sie weiter in der Malkunst, lehrt sie, Tiere zu beobachten und Pflanzen zu sammeln. Mit beiden Töchtern entwickelt sich daraus in der Zukunft eine enge Zusammenarbeit. Gleichzeitig führt sie ihre eigenen naturwissenschaftlichen Studien fort. In dieser Zeit arbeitet Maria Sibylla Merian mehr im stillen, sie tritt nicht mit großen Werken in Erscheinung. Die Felder und Gärten um Schloß Waltha liefern genug Material für »meine Beobachtungen der Insekten« und anderer Tiere. Anno 1686 erforscht sie die Frösche:

»... im April legen sie eine grosse Menge Eyerlein, die man Froschleyg nennt, ich schnitt das Weiblein auf, und fand in ihr eine Matrix, wie alle anderen Thier haben (also daß sie nicht durch den Mund gebären, wie etliche Schreiber gemeint haben) ... In Anfang May nahm ich vom Froschlleyg, welches ich am Wasser fand, und stach von dem jungen Gras mit Erden ab, und tat solches in ein Geschirr, und goß Wasser darauf, und warf Brot dabei, solches nun erneuerte ich täglich, nach einigen Tagen fingen die schwarzen Körnlein an ihr Leben zu zeigen und nährten sich eigentlich von dem weißen Schleim, der um sie herum war, danach bekamen sie Schwänzlein, damit sie im Wasser schwammen wie die Fische, im halben May bekamen sie Augen, 8 Tage danach brachen hinten zwei Füßlein aus der Haut, und wieder nach 8 Tagen brachen noch zwei Füßlein vornen aus der Haut, da sahen sie aus als kleine Crocodilen, danach verfaulte der Schwanz, so waren es rechte Frösche und sprangen auf das Land.« (4)

Der Umzug nach Schloß Waltha bedeutet einen tiefen Einschnitt in Maria Sibylla Merians Leben. Es ist eine Veränderung, die geradezu auffordert, Bilanz zu ziehen. Sie denkt nicht nur über ihr bisheriges Leben nach, sondern sichtet auch kritisch ihre Arbeit und ordnet neu alle Aufzeichnungen aus ihrem Forscherleben.

Ein Berg von Skizzen und Notizen hat sich angesammelt. Verschieden groß und unregelmäßig sind die unzähligen Pergamentstücke mit ihren Zeichnungen. Bleistiftstriche an einigen Rändern verraten, daß Maria Sibylla Merian einen Bogen Pergament immer zunächst weiß grundiert und dann für den Zuschnitt unterteilt hat. So bleibt kein Zipfelchen des wertvollen Materials ungenutzt. Die kleinen Pergamente befestigt sie mit ein wenig Klebstoff auf einer harten Unterlage, damit sie ihr beim Malen nicht verrutschen.

Sie numeriert diese Pergamente alle durch und steckt jedes Aquarell in ein passendes Rähmchen, das sie aus graublauem Papier faltet. Meistens drei klebt sie untereinander auf ein Blatt, dessen Rückseite unbeschrieben bleibt. Sie verwendet Bienenwachs als Klebstoff, später Siegellack und Wasserglas, eine Natriumverbindung. Den erläuternden Text, den sie von ihren Notizen kopiert, zum Teil auch aus dem Gedächtnis formuliert, schreibt sie auf ein anderes Blatt Papier und ordnet ihn durch entsprechende Numerierung der richtigen Zeichnung zu. Die Blätter legt und bindet sie so zusammen, daß sich Text und Abbildungen auf einer Doppelseite gegenüberstehen. Auf diese Weise legt sie sich in Friesland erstmals ein Journal an, das nach ihrem Tod als »Studienbuch« bekannt wird.*

---

* Dieses Journal ist heute in einer wunderschönen Faksimileausgabe zugänglich (siehe Angaben dazu auf S. 144).

Dieses Studienbuch gibt am besten Auskunft über ihre Arbeitsweise. Maria Sibylla Merian zeichnet die Raupen und Falter zuerst »für mich selbst sehr genau auf Pergament«, in einem zweiten Schritt sticht sie dann nach diesen Einzelstudien die Kupfer, auf denen Futterpflanze und Tier schließlich vereinigt und zu einem Bild werden.

Sie legt mit diesem Journal auch eine Art Archiv an. Jederzeit kann sie neue Beobachtungen einfügen und auf alte Unterlagen zurückgreifen, wenn sie zum Beispiel Aufträge für Illustrationen erhält. Sie vermerkt am Ende der meisten Texte genau, wo sie dieses Material veröffentlicht hat, beispielsweise: »Diese Verwandlung stehet in meinem Ersten Raupen theil No 25.« Nachweisbar ergänzt sie diese Handschrift bis zum Jahre 1713 immer wieder. Sie bleibt dieser auf Schloß Waltha begonnenen Arbeitsform fast dreißig Jahre lang treu.

Einige der Pergamente verschwinden später nach und nach aus den Rähmchen des Studienbuches: Maria Sibylla Merian verkauft immer wieder eines der kleinen Aquarelle, wenn sie Geld braucht. Dann beschneidet sie das unregelmäßige Pergament ein wenig, schreibt das Verkaufsdatum darauf und signiert das kleine Kunstwerk mit ihrem Namen. So kamen die hier abgebildeten Schmetterlinge aus dem Studienbuch über verschlungene Pfade in das Germanische Nationalmuseum Nürnberg.

Diese Falter zeichnete Maria Sibylla Merian nicht in Friesland, sondern in Surinam. Es ist das Land, von dem sie zum erstenmal bei den Labadisten reden hört, denn in der überseeischen Kolonie Hollands verkünden die Glaubensbrüder das Christentum. Der Schloßbesitzer Cornelius van Sommeldijk fördert seit 1683 als Gouverneur die Missions- und Siedlungsversuche. Gleichzeitig schickt er getrocknete tropische Falter und Pflanzen über den Ozean an seine Schwestern, die bald eine großartige Schmetterlingssammlung ihr eigen nennen. Auch Missionare, die zurückkehren, erzählen von dem fremden Land und haben exotische, präparierte Tiere im Gepäck für die Raritätenkammern.

Gespannt lauscht Maria Sibylla Merian den Schilderungen der Heimkehrer. Als sie zum erstenmal auf Schloß Waltha einen kleinen Ausschnitt der formen- und farbenreichen Flora und Fauna des tropischen Regenwaldes sieht, ist sie begeistert. Doch wie schön muß alles erst in Wirklichkeit sein, wenn es schon tot und getrocknet so beeindruckt? Ihre wissenschaftliche Neugier ist geweckt, die Schmetterlinge aus Surinam lassen sie nicht mehr los. Die Puppe in ihrem Kokon wird unruhig.

Im April des Jahres 1686 stirbt Caspar Merian. In Nürnberg muß Johann Andreas Graff vom Tod des Schwagers erfahren haben, denn er reist umgehend nach Friesland. Die Stunde ist günstig, mag Graff gedacht haben: Seine Frau steht jetzt ohne männlichen Schutz da, und endlich ist Schluß mit dem verhängnisvollen Einfluß des Caspar Merian, der seine Schwester vor einem Jahr in diese Sekte gelockt hat. Der Nürnberger Maler irrt sich: Seine Ehefrau und die Töchter gehen nicht mit ihm zurück nach Nürnberg. Für Maria Sibylla galt die Ehe seit ihrem Weggang von Frankfurt als beendet.

Erst sechs Jahre nach diesem letzten, vergeblichen Versöhnungsversuch läßt Johann Andreas Graff die Ehe offiziell für ungültig erklären, weil er wieder heiraten will. Der Rat der Stadt Nürnberg spricht 1692 die Scheidung aus von »seinem zu den Labadisten entwichenen Weib« – ein für die damalige Zeit seltener Akt.

Im Jahre 1688 wird der Schloßbesitzer Sommeldijk, der Gouverneur von Surinam, bei einem Soldatenaufstand in Übersee ermordet. Geldmangel und Unzufriedenheit machen sich auf Schloß Waltha breit, die Glaubensgemeinschaft zerfällt. Für Maria Sibylla geht die Zeit hier zu Ende. 1690 erwägen alle, ob sie die Kommune auflösen sollen. Es ist das Jahr, in dem die Witwe Merian ihre Augen für immer schließt. Der Tod der Mutter macht Maria Sibylla endgültig frei. Bewußt bricht sie die letzte Brücke zu Deutschland ab, wo kein Mensch mehr wohnt, der ihr etwas bedeutet, denn auch Matthäus Merian der Jüngere ist vor einem Jahr gestorben. Sie kündigt ihr Frankfurter Bürgerrecht auf, um mit ihren Töchtern in das weltoffene Amsterdam zu ziehen. In Schloß Waltha hält sie nichts mehr. Sie packt wieder einmal ihre Malutensilien und die Kupferplatten, ihre Kisten und Käfige für die Raupen, ihr Studienbuch, das Schmetterlingsnetz und das sonstige Hab und Gut zusammen.

Ein Schmetterling, der gerade der Puppe entschlüpft ist, hat die letzte Stufe der Veränderung erreicht. Langsam entfaltet er seine Schwingen. So ähnlich muß sich Maria Sibylla Merian zu dieser Zeit gefühlt haben. Auch sie hat sich verändert, der Rückzug auf Schloß Waltha hat ihr gutgetan. Jetzt kennt sie ihren Weg, den sie konsequenter als je zuvor verfolgen wird. Sie will aufbrechen und eine ihr noch unbekannte Welt erkunden, den Regenwald von Surinam.

Geduld ist ein gut Kräutlein

*Neubeginn in Amsterdam, Fortbildung und Studien,
Vorbereitung der Reise nach Surinam*

1691–1699

»Es sind viele Jahre verflossen, da ich nichts von all den lieben Freunden, die ich vor diesem in Nürnberg gehabt, gehört habe, ich bekenne, daß es mich erfreut, von denen etwas zu hören oder einige zu sehen«, schreibt Maria Sibylla Merian im August des Jahres 1697 an eine alte Schülerin aus der Jungfern-Company, die Madame Clara Regina Scheurl, geb. Imhoff, deren Bruder sie gerade besucht hat. Den Brief aus Amsterdam begleitet ein Schälchen karminroter Farbe nach Nürnberg, »denselben anzuwenden zu ihrer schönen Kunst«.

Seit sieben Jahren ist Amsterdam die Heimat der Frau Merian. Sie hat den Nachnamen Graff ganz abgelegt und verwendet nur noch ihren Mädchennamen. Es ist kein Zufall, daß sie mit ihren beiden Töchtern von Schloß Waltha direkt nach Amsterdam gezogen ist. Durch die Familie Sommeldijk, die Schloßbesitzer, hat sie schon vor den Umzugsplänen Kontakte zu den Honoratioren der Stadt knüpfen können, von denen einige den Labadisten nahestehen. Auch der Ruf, die Autorin des Raupenbuches zu sein, muß ihr vorausgeeilt sein. Sonst hätten ihr die Amsterdamer Bürger nicht so schnell Zutritt zu ihren privaten Sammlungen gewährt:

»In Holland sah ich voller Verwunderung, was für schöne Tiere man aus Ost- und Westindien kommen ließ, besonders wenn mir die Ehre zuteil wurde, die kostbare Sammlung des Hochwohlgeborenen Herrn Dr. Nicolaas Witsen, Bürgermeister der Stadt Amsterdam und Vorsteher der Ostindischen Gesellschaft, sehen zu dürfen, wie auch die des Herrn Jonas Witsen, Sekretär selbiger Stadt.« (5)

Auch der Arzt, Botaniker und Anatom Frederick Ruysch empfängt die Autorin des Raupenbuches und zeigt ihr bereitwillig seine kostbaren Schmetterlingssammlungen. Der Traum, den Maria Sibylla in der Abgeschiedenheit der Labadistenkommune geträumt hat, erhält reichlich Nahrung in Amsterdam. Surinam rückt langsam näher.

Amsterdam, das wegen seiner über 500 Brücken und vielen Grachten auch den Namen »Venedig des Nordens« trägt, erlebt damals sein »goldenes Jahrhundert«. Die holländische Stadt an der Amstelmündung ist weltoffener und wohlhabender Mittelpunkt Europas. Doch nicht allen Kreisen bringt der Handel Wohlstand: Bettler bevölkern die Straßen, eine hohe Anzahl von Findelkindern und Eigentumsvergehen ist amtlich registriert.

Im Hafen laufen Schiffe der Ost- und der Westindischen Handelskompanie ein*, die »indianische Gewürze« und »viel Raritäten« an Bord haben. Die Kolonien in Übersee locken, Abenteurer und Händler ziehen in die Ferne. Es ist eine Epoche, die den Erdkreis erschließt, Stück für Stück. Gleichzeitig ist Amsterdam auch ein geistiges und kulturelles Zentrum. Hier malten Rembrandt und van Dyck ihre Meisterwerke. Hier lebten Hugo Grotius, der das moderne Völkerrecht begründete, und der Philosoph Baruch Spinoza, der in dieser Stadt die Allmacht der Vernunft und die Identität von Gott und Natur postulierte.

Bekannte Naturwissenschaftler nehmen Maria Sibylla Merian in ihren Kreis auf. Der Botaniker Caspar Commelin, der den botanischen Garten der Stadt leitet, schätzt sie sehr. Er wird später die Pflanzen in ihrem Buch über die surinamischen Insekten bestimmen. Sie trifft in Amsterdam den Forscher und Erfinder Antonie van Leeuwenhoek (1632–1723). Der ehemalige Kaufmann hat ein Mikroskop gebaut, das nur mit einer einzigen, sorgfältig geschliffenen Linse arbeitet, die er zwischen zwei Löcher in zwei Metallplatten geklemmt hat. Ein Schraubmechanismus rückt den Untersuchungsgegenstand in den Brennpunkt.

---

* Die seit 1602 aktive Ostindische Kompanie hatte den Handel zwischen dem Kap der Guten Hoffnung und Kap Hoorn unter sich. Der Geschäftsbereich der Westindischen Kompanie umfaßte ganz Amerika, die Pazifischen Inseln und die Westküste Afrikas.

Leeuwenhoek erreichte so eine ziemlich fehlerfreie, 300fache Vergrößerung. Mit dem selbstgebauten Mikroskop entdeckte er zum Beispiel Bakterien und rote Blutkörperchen, die Samenfäden im Sperma und die quergestreiften Muskelfasern. Leeuwenhoek unterweist Maria Sibylla Merian und gestattet ihr, das Mikroskop zu benutzen, das faszinierende, neue Einblicke in die Welt der Falter und Raupen gewährt.

Latein lernt die Merianin weiter, um alle erschienenen Bücher über Anatomie, Insekten und Pflanzen selbst studieren zu können. Dazu gehört das Werk des 1680 verstorbenen Jan Swammerdam, der versucht hat, die Insekten nach den verschiedenen Formen ihrer Metamorphose zu klassifizieren. Maria Sibylla Merian erkennt durch ihre Lektüre, daß »die heutige Welt sehr feinfühlig ist und die Ansichten der Gelehrten unterschiedlich sind«. Deshalb betont sie, daß ihre Arbeit nur den »Stoff« liefere, »aus dem jeder nach eigenem Sinn und eigener Meinung Schlüsse ziehen und diese nach Gutdünken auswerten kann«. (6)

Nicht nur theoretisch bildet sich die Forscherin Merian weiter. Sie bleibt auch in Amsterdam ihren Raupen treu. In ihrer Wohnung stapeln sich wieder Käfige, Kisten und Kästchen, in denen sie mit Hilfe der Töchter die Tiere füttert und züchtet. Allerdings mangelt es ihr in der großen Stadt »an Gelegenheit, speziell das zu suchen, was in Heide und Moor zu finden ist. Doch diesem Mangel wurde sehr von anderen Liebhabern abgeholfen, die mir dann Raupen gebracht haben, damit ich ihre Verwandlung beobachten konnte. So sammelte ich noch viele Erfahrungen, die ich den beiden vorangehenden Teilen hinzufügen konnte.«

Sie beobachtet und zeichnet also fleißig für den geplanten dritten Teil des Raupenbuches. Maria Sibylla verkauft weiterhin die ersten beiden Bände, die sie oder ihre Töchter auf Bestellung kolorieren; wahrscheinlich erteilt sie auch wieder Malunterricht und hat nach dem Nürnberger Vorbild eine holländische Jungfern-Company gegründet. Den Lebensunterhalt für die Familie bessert sie – wie schon in Deutschland – mit einem kleinen Farbenhandel auf.

Mit Elan organisiert sie außerdem den Verkauf präparierter Tiere über die Landesgrenzen hinweg. Sie bietet in dem einzigen Brief, der aus dieser Zeit erhalten ist, ihrer Nürnberger Freundin »Raritäten« aus Ost- und Westindien an. Im Austausch hätte sie gern Tiere, die in Deutschland heimisch sind. Sie bittet um einige Schlangen, Sommervögel und Käfer. Anweisungen für deren richtige Behandlung schickt sie gleich mit nach Nürnberg: »Die Schlangen und dergleichen Tiere, tut man in Gläser mit gemeinem Branntwein und macht die Gläser mit Pantoffelholz zu.« Die getöteten und aufgespießten Schmetterlinge müsse man dagegen in Spanschachteln stecken, die innen zuerst mit »Spicköl« (wohl Terpentinöl) zu bestreichen seien, dann

»kommen keine Würmlin darbei, welche sie sonst verzehren«. In Amsterdam vervollkommnet und übt Maria Sibylla solche Konservierungsmethoden – sie ahnt wohl, wie wichtig das werden könnte, wenn sie einmal nach Surinam reisen sollte.

Maria Sibylla Merian sieht in den Schmetterlingen zwar Geschöpfe Gottes, wie sie in ihrem Raupenbuch ehrfurchtsvoll betont hat – und doch tötet sie die begehrten Sammelobjekte höchst ehrfurchtslos. Sie unterstützt dadurch die vielen Sammler, die Johann Wolfgang Goethe später mit den Worten anprangert: »... das Lebende zählt nicht für sie; der Schmetterling ist ihnen nur an der Nadel interessant.« Sosehr diese Tätigkeit Maria Sibyllas Wesen entgegengesetzt scheint, sosehr braucht sie wohl das Geld: Sie verkauft die Tiere ihr Leben lang, um sich und ihre Familie zu ernähren und um den Druck ihrer Bücher zu finanzieren.

Die ältere Tochter Johanna Helena, die bei der Ankunft in Amsterdam 23 Jahre alt war, ist im Laufe der Jahre zu einer Mitverdienerin geworden. Gemeinsam mit der Mutter zeichnet sie die Pflanzen und tropischen Vögel in den Gewächshäusern der Agnes Block, die den Merian-Frauen dafür den Malauftrag erteilt hat. Johanna Helena heiratet in dieser Zeit den Kaufmann Jacob Hendrik Herolt, dem sie bereits in der Labadistengemeinde begegnet ist. Herolt treibt Handel mit Surinam, das er gut kennt. Sehr wahrscheinlich im Jahre 1692 findet die Heirat statt, also lange bevor Frau Merian ihre große Reise antritt. Hat Herolt seiner Schwiegermutter viel von den Tropen erzählt und so in ihr den Wunsch verstärkt, dorthin zu reisen? Hat er gar seine Hilfe für die Überfahrt angeboten?

In diesen Amsterdamer Jahren läuft im Leben Maria Sibylla Merians alles – ob zufällig oder geplant – auf die große Reise zu. Weder die vielen neuen Eindrücke noch die viele Arbeit bringen sie ab von ihrem Ziel. Nur für Surinam scheint sie zu lernen und zu leben. Und doch muß sie noch acht lange Jahre warten. Sie hat in ihrem späteren Leben gesagt: »Patiencya ist ein gut Kräutlein.« Kein Satz beschreibt auch diese Zeit besser.

Geduld zu üben hat sie beim Beobachten der Raupen gelernt. Genauso geduldig spart sie jetzt, denn so eine Reise ist kostspielig. Zielstrebig bildet sie sich weiter. Geduld beweist sie auch im Umgang mit dem Amsterdamer Bürgermeister Nicolaas Witsen, der ihr zunächst dringend von der geplanten Reise abrät. Sie sei schließlich schon fünfzig und kein junges Ding mehr. Maria Sibylla Merian überzeugt ihn mit der ihr eigenen Beharrlichkeit von den Vorzügen dieser waghalsigen Unternehmung. Sie versteht es sicher besonders gut, seine Naturbegeisterung zu wecken, ihm die Ergebnisse ihrer Reise auszumalen und neue Exponate für die Naturalienkabinette in Aussicht zu stellen.

Auch aus persönlichem Interesse an ihrer Arbeit sorgt Bürgermeister Witsen schließlich dafür, daß ihr die Stadt Amsterdam einen Reisezuschuß gewährt. Endlich hat sie das Geld zusammen.

Maria Sibylla Merian formuliert klar das wissenschaftliche Ziel ihrer Reise. In den Sammlungen der Amsterdamer Bürger habe sie zwar die tropischen Insekten gefunden, »aber so, daß dort ihr Ursprung und ihre Fortpflanzung fehlten, das heißt, wie sie sich aus Raupen in Puppen und so weiter verwandeln. Das alles hat mich dazu angeregt, eine große und teure Reise zu unternehmen und nach Surinam zu fahren.« (7)

Aus diesen Worten spricht eine selbstbewußte Forscherin: Konsequent will sie ihre Art zu forschen, zu beobachten und zu zeichnen, die sie in der heimischen Umgebung erprobt hat, auch in dem fernen Land anwenden. Im Juni 1699 ist Maria Sibylla Merian 52 Jahre alt. Um die Gefahren der Reise weiß sie, denn vor der Abreise – im April 1699 – macht sie ihr Testament. Die 21jährige Dorothea Maria wird die Mutter nach Surinam begleiten. Hat sie vielleicht auch deshalb so lange Jahre geduldig auf diesen Augenblick gewartet, weil ihre Tochter für das Wagnis noch nicht alt genug war und sie das junge Mädchen nicht allein zurücklassen wollte?

Das Wappen der Familie Merian ziert ein Storch. Maria Sibylla drückt dieses Zeichen mit ihrem Siegelring auf den roten Lack, mit dem sie ihre Briefe nach

Nürnberg verschließt. Der Storch hält eine Schlange im Schnabel – manche Wappenforscher sehen darin auch einen Kesselhaken – und steht auf einem Bein. Diese Ruhestellung bedeutet: Er läßt sein Nest nie unbewacht, und er kommt wieder. Der lateinische Wahlspruch auf dem Merianwappen lautet: »Pietas contenta lucratur«, auf deutsch: Zufriedene Frömmigkeit gewinnt am Ende. Ein Frankfurter Poet soll sich auf dieses berühmte Wappen, auch »Ciconia Meriani« genannt, noch zu Lebzeiten von Maria Sibyllas Vater folgenden Reim gemacht haben:

> Kein groß Unglück ist dies, wenn man
> daheim nicht immer sitzen kann.
> Wer tapfer ist, erfährt was draus,
> wo er hinkommt, ist er zu Haus.

Matthäus Merian der Ältere bereiste ganz Europa, um seine Städteansichten zu schaffen, doch Merians Tochter reist gar nach Südamerika, um ihre Falter zu zeichnen.

Hundert Jahre bevor der Naturforscher Alexander von Humboldt zu seinen Entdeckungsreisen aufbricht, sticht Maria Sibylla Merian mit ihrer Tochter in See. Aus der Malerin und Insektenforscherin wird eine der ersten Forschungsreisenden. Die Segel sind ihre Schwingen. Der Schmetterling fliegt los.

Dieses Porträt der Maria Sibylla Merian erschien 1769 in einer Kunstgeschichte. Dafür hat Johann Rudolf Schellenberg ihr Altersporträt verwendet und einfach verjüngt. Dieses Merian-Porträt diente als Vorlage für die 40-Pfennig-Briefmarke der Frauenserie der Deutschen Bundespost (1987) und schmückt ab Herbst 1992 auch den neuen Fünfhundertmarkschein.

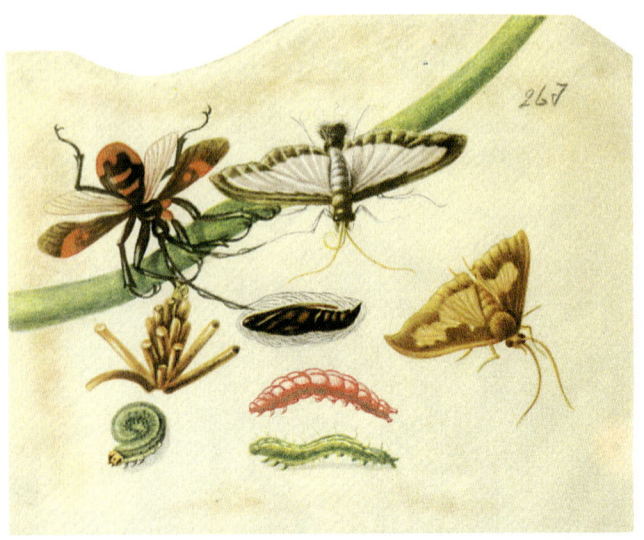

In den Tropen behielt Maria Sibylla ihre bewährte Arbeitsweise bei. Auch im Regenwald beobachtete und zeichnete sie »vor Ort« ihre Studienobjekte auf kleine Pergamentstücke.

Das Pergament mit den zwei Schmetterlingen ist eine der seltenen, von Maria Sibylla Merian selbst datierten und signierten Zeichnungen. Die Handschrift bedeutet: *Amsterdam den 24 February 1706. Maria Sybilla Merian*. Solche kleinen Aquarelle verkaufte sie wahrscheinlich, um Geld für den Druck ihres Surinambuches zu beschaffen.

Dieser blau schimmernde Schillerfalter gilt als eine ihrer schönsten Schmetterlingszeichnungen. *Apatura iris* steht heute in der Bundesrepublik auf der Roten Liste, denn er ist vom Aussterben bedroht.

Die 25. Tafel des Surinambuches zeigt die größte Vanille-Art Surinams. Nach den Zeichnungen von Maria Sibylla Merian haben bekannte Amsterdamer Kupferstecher die Druckvorlagen gearbeitet, sie selbst kolorierte die Kupferstiche.

Auf der letzten Abbildung des Surinambuches verewigte Maria Sibylla Merian eine unbekannte rote Dschungelblüte. Am zweiten Blatt von links hängt eine Puppe, die sich als seltene Blüte tarnt. Die 60. Tafel beherrscht ein schwebender großer Caligo-Tagfalter. Der ruhende Schmetterling zeigt seine Flügelunterseiten, deren Muster ein von Federn umrahmtes, großes Auge vortäuschen, um insektenfressende Vögel zu verwirren.

Nicht nur Schmetterlinge, auch andere Tiere beobachtete die Merian in Surinam. Neben die Wasserhyazinthe (Tafel 56 des Surinambuches) setzte sie Frösche und Tiere, »die die Leute dort Wasserskorpione nennen«. Ihr Thema sind immer das Werden und Vergehen, die Kreisläufe in der Natur.

Auffällig ist Maria Sibylla Merians Interesse an allem Eßbaren, das in dem tropischen Land gedeiht. Die Bananenstaude (Tafel 12 des Surinambuches) beschreibt sie als eine Traube mit »9 bis 10 Ringen, und jeder Ring hat 12 bis 14 Früchte, die alle aufwärts gerichtet sind. Die Blüte ist wie eine sehr schöne Blume mit fünf blutroten Blättern, so dick wie Leder, auf der Unterseite mit blauem Tau besetzt. Die Blüte tritt gleichzeitig mit der Frucht auf. Die Traube ist so groß, daß sie nur ein Mann tragen kann.«

MARIA SIBILLA MERIAN
Nat: XII. Apr: MDCXLVII. Obiit XIII. Jan: MDCCXVII.

Dieses Altersporträt der Maria Sibylla Merian fertigte Jacob Houbraken nach einer Zeichnung ihres Schwiegersohnes Georg Gsell, dem einzigen bekannten Porträt, das sicher die Merian zeigt. (Johann Rudolf Schellenberg hat dieses Porträt als Vorlage für seine Darstellung der wesentlich jüngeren Maria Sibylla Merian benutzt.) Der Kupferstich steht als Frontispiz am Anfang einer dreibändigen lateinischen Ausgabe des Raupenbuches aus dem Jahre 1718.

Eine schwere, kostbare Reise

*Im Dschungel von Surinam,
Beobachtungen und Sammeln von
Pflanzen und Tieren*

1699–1701

Die Küsten von Surinam, das nördlich von Brasilien liegt, säumen Mangroven, die mit ihren Wurzeln wie tausendfüßige Spinnen im Wasser stehen. Die Schlammassen, die der brasilianische Amazonas ins Meer gewälzt hat, schwemmen Meeresströmungen an die Küste. Das Wasser schimmert ockerfarben. Die Festung Seeland grüßt die beiden Frauen, als das holländische Segelschiff nach fast dreimonatiger Reise die Mündung des Flusses Suriname passiert, der dem Land seinen Namen gab. Die Regenzeit geht gerade zu Ende, und es ist grün, heiß und feucht im niederländischen Teil von Guyana. Der indianische Name bedeutet »Land ohne Namen« oder »Göttliches Land«.

Rund zwanzig Kilometer stromaufwärts liegt die Hauptstadt Paramaribo. Hinter dem Hafen drängen sich bunte und weiße Holzhäuser, in die staubige Straßen ein wenig europäische Ordnung bringen. Noch heute erinnert das Zentrum des tropischen Paramaribo Reisende an eine niederländische Stadt.

Von den Europäern entdeckt wurde Surinam genau

zweihundert Jahre vor Maria Sibylla Merians Ankunft. Erst waren die Spanier, dann die Engländer die Herren des Territoriums, auf dem manche auch das sagenumwobene Goldland »El Dorado« vermuteten. Seit 1667 war Holland endgültig als Kolonialmacht bestätigt: Die Engländer überließen den Niederländern, wie im Frieden von Breda beschlossen, die Kolonie Surinam. Es war die Entschädigung für ein Stück Land in Nordamerika, das die Engländer erobert hatten. Die Holländer tauschten Surinam ein gegen das Gebiet um Neu-Amsterdam am Hudson River, das die Westindische Kompanie einmal den Indianern für einen Gegenwert von 24 Dollar abgekauft hatte. Es ist das heutige New York.

Verwaltet wird Niederländisch-Guyana, das holländische Soldaten sichern, von einer »oktroyierten Societät«. Je ein Drittel ihrer Mitglieder stellen die Stadt Amsterdam, die Westindische Kompanie und die Erben des ermordeten Gouverneurs Cornelius van Sommeldijk. Für diese Leute hat Frau Merian Empfehlungsschreiben des Amsterdamer Bürgermeisters im Gepäck. Schließlich reist sie mit einem Stipendium der Generalstaaten[*].

Ein altes Lexikon berichtet: »Der Fluß Commotone fliesset 5 Meilen von Paramaribo in den Fluß Suriname,

---

[*] Die Generalstaaten waren ein Zusammenschluß der Generalstände der niederländischen Provinzen. Zu ihren Aufgaben gehörte u. a. die Außenpolitik und die Herrschaft über die Kolonien.

auf beiden Seiten mit lauter Zucker-Plantagen bebauet, deren manche sich auf zwei bis drei Stunden erstrecket, und zur Bestellung der Zucker-Felder wohl an die 200 Sclaven vonnöthen hat. An diesem Flusse wohnen die reichsten Europäer.«

Die reichen Plantagenbesitzer residieren inmitten ihres Besitzes in weißen, herrschaftlichen Holzvillen. Sie belächeln die Frauen, die nicht um des Handels willen gekommen sind, die kein Geld suchen, sondern Schmetterlinge. Maria Sibylla spürt dieses Unverständnis: »Die Menschen haben dort auch keine Lust, so etwas zu untersuchen, ja sie verspotten mich, daß ich in dem Land etwas anderes suche als Zucker.« (8)

Doch gleichzeitig erkannten die Zeitgenossen in Surinam und in der holländischen Heimat auch das Neue, das Sensationelle dieser Forschungsreise. Maria Sibylla war für sie eine Abenteurerin, die nicht wie sonst üblich im Auftrag eines Fürsten oder einer Handelsgesellschaft reiste, nur ihr ureigenstes Interesse, ihre wissenschaftliche Neugier trieben sie an.

Bei der Wohnungsbeschaffung helfen ihr die weißen Siedler. In der Umgebung Paramaribos bezieht sie mit der Tochter ein Holzhaus mit Garten, an den eine Furt grenzt. In der Regenzeit tritt das Wasser über die Ufer, und auf dem Gras vor ihrer Gartentür hüpfen dann viele Frösche umher.

Maria Sibylla Merian verliert keine Zeit; sie ordnet die zurechtgeschnittenen Pergamente und den Farbkasten, die Staffelei und das Schmetterlingsnetz, die Spannbretter und die Botanisiertrommel. Die Frauen rüsten sich mit Tropenhelmen und Mückenschleiern aus, und schon wenige Tage nach ihrer Ankunft beginnen Mutter und Tochter mit der Arbeit. Die Streifzüge beschränken sich zunächst auf die Felder um die Hauptstadt, und am Fort von Paramaribo, so steht es im Studienbuch, entdecken sie die erste Raupe.

Die Sonne brennt, die Durchschnittstemperatur liegt bei 28 Grad im Schatten. Wilde Bienen und Wespen plagen die Frauen, und Maria Sibylla klagt: »Wenn ich malte, flogen sie mir um den Kopf.« Als sie jedoch ein Nest dieser Plagegeister vor ihrem Fenster findet, holt sie es ins Haus. Es ist aus Lehm und rund, wie auf einer Töpferscheibe gedreht, und steht auf einem kleinen Fuß: »Sie ließen darin ein rundes Loch, um hinein und heraus zu kriechen. Danach sah ich sie täglich kleine Raupen hineintragen, zweifellos als Nahrung für sich und ihre Jungen oder Würmer ... Als mir schließlich diese Gesellschaft lästig wurde, zerbrach ich ihr Haus und verjagte sie, wenn ich ihr Treiben sah.«*(9)

Auch die »berüchtigsten aller Insekten in Amerika« lernt sie kennen: die Kakerlaken. Sie richten großen Schaden an »... dadurch, daß sie alle deren [gemeint

---

* Alle Aussagen der Maria Sibylla Merian in diesem Kapitel über Surinam stammen – wenn nicht anders vermerkt – aus ihrem Surinambuch (s. S. 119 ff.).

sind die Bewohner] Wolle, deren Leinen, Speisen und Getränke verderben ... Sie verstehen es, in Kisten und Kasten durch Fugen und Schlüssellöcher zu gelangen«, und so kommen sie auch ins Haus der Frau Merian. Entschädigt wird sie für diese Widrigkeiten durch die ungeahnte Farbenpracht der duftenden Pflanzen. »Wohlriechender Jasmin wächst in Surinam wild durcheinander wie die Hecken in Europa und gibt so einen starken Duft von sich, daß man ihn von ferne riechen kann.« (10)

Nur ein 20 bis 80 Kilometer breiter Küstenstreifen erlaubt in Surinam den Feldanbau. Den größten Teil des Landes, das sich über 163 265 Quadratkilometer* erstreckt, überzieht der tropische Regenwald, das eigentliche Ziel der Reise. Maria Sibylla plant, sich bald »in die Wildnis hinaus« zu wagen, trotz der Warnungen vieler Siedler. Sie fürchtet keine Sümpfe und keinen Sonnenstich, keine Schlangen, Skorpione und Spinnen.

Im April des Jahres 1700 reisen Mutter und Tochter zum erstenmal die 65 Kilometer den Surinamefluß aufwärts zur Farm Providentia, die Frau van Sommeldijk bewirtschaftet. Sofort entdeckt Maria Sibylla auf dem Farmgelände seltene Gummibäume, auf denen schwarz-grün geringelte Raupen herumkriechen. Was

---

* Das sind etwa zwei Drittel des Territoriums der Bundesrepublik.

ehemals den Labadisten als Stützpunkt für ihre Missionstätigkeit diente, wird nun für die Forscherin Merian ein wichtiger Zufluchtsort.

Von hier aus organisiert sie ihre Vorstöße in den Dschungel, doch der Zugang zu diesem unerforschten Paradies ist schwierig: »Der Wald ist so dicht mit Disteln und Dornen verwachsen, daß ich meine Sklaven mit Beilen in der Hand vorwegschicken mußte, damit sie für mich eine Öffnung hackten, um einigermaßen hindurchzukommen, was doch ziemlich beschwerlich war ... meiner Meinung nach könnte man viel mehr Dinge in dem Wald finden, wenn dieser passierbar wäre.« (11)

La Selva, der südamerikanische Regenwald, überrascht und überwältigt jeden, der ihn zum erstenmal erlebt. Ein lautes Urwaldkonzert empfängt den Besucher: Affen brüllen, Insekten zirpen, fremdartige Vogelschreie mischen sich mit tropfenden und klopfenden Geräuschen, überall im Unterholz raschelt es. Die Wipfel der Urwaldriesen bilden ein fast undurchdringliches Laubdach, durch das kaum ein Stück Himmel scheint. Dieses tropische Universum birgt eine so reiche Tier- und Pflanzenwelt, daß diese auch heute – bald 300 Jahre nach Maria Sibylla Merians Aufenthalt in Surinam – noch nicht vollständig erforscht ist.*

---

* Siehe zum Regenwald, seiner Bedeutung und Bedrohung das Nachwort S. 137.

Unter dem grünen Dach des Regenwaldes bauen die zwei Frauen ihre Staffelei auf und zeichnen die tropischen Pflanzen und Tiere »getreu nach dem Leben auf Pergament«. Sie sammeln fremdartige Raupen und fangen leuchtende bunte Schmetterlinge, die sie gleich töten oder in Köchern in ihr Haus transportieren, wobei während des beschwerlichen Rückweges viele Tiere eingehen. Um der mörderischen Hitze zu entkommen, stehen die Frauen mit der Sonne auf und arbeiten ohne Pause, bis sie zu müde sind oder die Schwüle unerträglich wird. Nur wer einmal unter der feuchten Gluthitze und den stechenden Moskitos im Regenwald gelitten hat, kann die körperliche Anstrengung ermessen, die das Land den Frauen in den langen Baumwollröcken abverlangt, besonders Maria Sibylla Merian, die in Surinam schon ihren 53. und 54. Geburtstag feiert.

In den Tropen herrschen andere Gesetze als in Nürnberger oder Frankfurter Gärten. Maria Sibylla lernt zum Beispiel, daß einige Pflanzen sich im Tagesverlauf verändern. Eine Rosenart öffnet am Morgen eine weiße Knospe, nachmittags dagegen leuchten die Blütenblätter rot, und abends fällt die Blüte ab. Sie lernt, daß eine abgeschnittene Pflanze in der Hitze sofort verwelkt: »Deshalb habe ich diese von meinem Indianer mit der Wurzel ausgraben, nach Hause tragen und in meinen Garten pflanzen lassen.« Ihr Garten füllt sich mit seltenen Pflanzen, deren Samen oder Zwiebeln sie ebenfalls später mit nach Holland nehmen will, darunter die weiße Knolle, aus der die prächtige rote Amaryllis wächst.

Durch die hohe Luftfeuchtigkeit, besonders in der sommerlichen Regenzeit, fangen nicht nur Pflanzen, sondern auch getötete Schmetterlinge schnell an zu schimmeln. Alles muß Maria Sibylla sofort bearbeiten, in Branntwein legen oder zum Trocknen in abgedichteten Spanschachteln verstauen. Nichts darf liegenbleiben, sonst ist die mühsame Arbeit umsonst: verfault oder gefressen von großen Ameisen, die in einer Nacht sogar einen ganzen Baum durchnagen und fällen können. Die Tropen spornen die Frauen zu unermüdlicher Arbeit an.

Sie benutzt ein Vergrößerungsglas, um einen Tagfalter zu betrachten, den sie auf dem Granatapfelbaum gefunden hat. Seine Flügelschuppen sehen aus wie blaue Dachziegel, »... die sehr ordentlich und regelmäßig liegen. Es sind breite Federn wie die Federn der Pfauen, von wundersamem Glanze, wert anzuschauen, da sich dieser nicht beschreiben läßt.« Was sie in Worten nicht ausdrücken kann, fängt sie in ihren Zeichnungen ein, für die sie mit sicherer Hand die schönsten Tropenfarben mischt.

Maria Sibylla Merian ist inzwischen eine wirklich erfahrene Insektenforscherin geworden, nur so ist zu erklären, daß sie vor der Fülle der Tiere und Pflanzen in dem fremden Land nicht kapituliert. Fachleute schätzen, daß es über zehn Millionen Insektenarten gibt, von denen die meisten in tropischen Gebieten leben. Auf der ganzen Welt sind heute »nur« eine Million Arten beschrieben, darunter 140 000 verschiedene Schmetterlinge. Als Maria Sibylla Merian in Surinam weilt, gibt es noch keine Bücher über die tropischen Falter. Wiederum betritt sie furchtlos Neuland. Dabei hilft es ihr, daß sie nach der gleichen Methode arbeiten kann, die sie im Raupenbuch erprobt hat: In Surinam ordnet sie die Entwicklungsstände der Schmetterlinge ebenfalls nach dem Fundort. Denn auch in den Tropen leben die meisten Falter auf ihrer speziellen Futterpflanze.

Das jahrelange Beobachten in der Heimat hat ihre Augen geschult. Sonst hätte sie viele Raupen, Puppen und Schmetterlinge nie entdecken und ordnen können. Denn die Dschungelbewohner sind Meister der Tarnung, weil zahlreiche Feinde ihr Leben bedrohen. Deshalb sehen manche Raupen aus wie ungenießbarer Kot oder ein Stück Holz. Puppen ahmen durch ihre Zeichnung giftige Schlangen nach oder spinnen sich in Kokons ein, die einem dicken Regentropfen täuschend ähnlich sehen. Falter narren ihre Freßfeinde durch Farben und Formen, die an lebende wie tote Blätter, Baumrinden und Blüten erinnern. Mit diesen in Jahrmillionen entstandenen Kostümen können sie sich ungestört auf ihrer Futterpflanze niederlassen und entwickeln, weil sie kaum zu erkennen sind. Im Zickzack fliegende, schillernde Schmetterlinge blenden die Vögel auf ihrer Insektenjagd. Je nach Lichteinfall blitzt einmal die Ober- und dann wieder die andersfarbige Unterseite der Flügel auf. Kein Vogel kann diesem Verwirrspiel folgen, und auch ein Mensch hat Mühe, die Falter im Auge zu behalten und sie mit einem gezielten Schlag des Schmetterlingsnetzes einzufangen.

Im Haus der Merian in der Umgebung von Paramaribo stapeln sich bald – wie ehemals im Haus am Nürnberger Milchmarkt – die Zuchtkäfige für die Raupen. In großen, tönernen Töpfen kriechen Krebse umher. Die Schalentiere liegen am Tage still im Wasser, »... doch in der Nacht machten sie ein leises Geräusch mit ihren Beinen und waren sehr unruhig«. Auch Kröten hält sie im Haus. Als sie eines Tages sieht, daß kleine Kaulquappen aus den Eischnüren schlüpfen, die das Muttertier auf dem Rücken trägt, »warf ich das Weibchen mit seinen Jungen in Branntwein«. Ihr Schwerpunkt bleibt zwar auch in Surinam »der Raupen wunderbare Verwandlung«, doch fasziniert beobachtet und konserviert sie alles, was sich verwandelt: neben Kröten und Käfern auch Schlangen, Leguane und kleine Krokodile. Sie kann der Fülle des Kontinents nicht widerstehen.

Außer der Tochter unterstützen sie Indianer und schwarze Sklaven, die ihr die holländischen Siedler vermittelt haben. Diese Helfer schlagen für Frau Merian nicht nur Wege in den Dschungel, sie paddeln mit ihr auf verschlungenen Wasserarmen an neue Beobachtungspunkte und führen sie auf nur ihnen bekannten Buschpfaden in den Regenwald. Sie tauchen auch für ihre Herrin nach Muscheln und sammeln Raupen und deren Futterpflanzen. Maria Sibylla Merian lernt ihre Mitarbeiter gut an, die sie mit der Zeit selbständig auf Dinge aufmerksam machen. Ein orangefarbener »Wurm ... wurde mir von einer schwarzen Sklavin gebracht, die mir berichtete, daß da schöne Grashüpfer hervorkämen.«

Eines Tages stellen ihr Indianer eine Kiste mit Zikaden, sogenannte Laternenträger, ins Zimmer, deren Kopfzeichnung an ein Krokodil erinnert. Als sie nachts die Kiste öffnet, erschrickt sie vor einem vermeintlichen Spuk: Die Insekten, die angeblich so »hell wie Kerzen leuchten«, springen im Zimmer umher und zirpen laut. In dieser Nacht kann niemand mehr einschlafen. Noch auf eine andere Weise spielen ihr die Mitarbeiter einen Streich: Aus zwei toten Insekten schaffen sie ein Phantasiegeschöpf, das Frau Merian für echt hält und sogleich abzeichnet. Es wird in ihrem Buch über die surinamischen Insekten wiederauftauchen.

Von den Einheimischen erfragt sie den Namen jeder Pflanze. Einen Baum nennen ihre Helfer zum Beispiel »Marmeladendosenbaum«, denn die holzgelbe Schale der Frucht umschließt wie eine Dose das eßbare Innere. Nur wer diese »Verpackung« aufschneidet, kann davon kosten. Maria Sibylla Merian schreibt begierig alles auf, was sie über eine Pflanze erfahren kann: Welchen Tieren dient sie als Nahrung? Wie verarbeiten die Eingeborenen Blätter und Früchte? Maria Sibylla Merian hat nicht nur Augen für die Schmetterlinge, sondern auch für die Menschen des Landes. »Ihre« Indianer* spüren das ernsthafte Interesse, das die weißhäutige, alte Dame ihnen entgegenbringt. Sie erzählen der Frau Merian bereitwillig von ihren Bräuchen und Sitten.

Die Indianer knüpfen die Hängematten aus Schnüren, die sie aus den Fäden des Baumwollbaumes spinnen. Wenn sie schlafen, hängen sie in dem geknüpften Netz wie manche Puppen in ihrem Kokon. Die Fruchtstände des Palisadenbaumes, der auch das Holz für die Hütten liefert, benutzen sie als Besen. Die Samen der Muscusblüte reihen die Mädchen auf Fäden zu duftenden Armbändern auf. Andere Pflanzensamen weichen die Ureinwohner ein oder pressen Saft heraus, um schwarze und rote Farbe herzustellen: »Sie machen damit allerlei Figuren auf ihre nackte Haut, was ihr Schmuck ist.« Auf solche roten Malereien im Gesicht geht teilweise auch der Name »Rothaut« zurück.

---

* Diese Ureinwohner sind vom Stamme der Aruak und Kariben, die heute nur noch um zwei Prozent der Bewohner von Surinam ausmachen.

Aus der Cassava-Wurzel backen die Bewohner von Surinam »das gewöhnliche Brot«, das auch die Europäer dort verzehren. Sie raspeln für den Teig die Wurzel und pressen den Saft heraus: »Die ausgepreßte Wurzel legt man auf eine eiserne Platte, wie die Hutmacher sie in diesen Ländern verwenden. Unter die Platte legt man ein kleines Feuer, um so die restliche Feuchtigkeit verdunsten zu lassen. Dann bäckt man es wie Zwieback, und es hat auch den gleichen Geschmack, wie feiner holländischer Zwieback. Wenn ein Mensch oder ein Tier das ausgepreßte Wasser kalt trinkt, muß er oder es unter größten Schmerzen sterben. Wenn man aber dieses Wasser kocht, ist es ein sehr guter Trank.« (12)

Auf das Brot reiben die Indianer rote, brennend scharfe Pfefferschoten, die inzwischen auch die Siedler kleingeschnitten als Gewürz für Soßen, Essig, Fleisch und Fisch verwenden.

Früchte, die heute jeder kennt, sieht und probiert Maria Sibylla Merian in Surinam zum erstenmal in ihrem Leben. Überhaupt interessiert sie sich sehr für alles Eßbare: Die sehr schmackhaften und zitronengelben Bananen, so stellt sie voll Verwunderung fest, hätten eine dickere Schale als Zitronen und seien in Surinam so verbreitet wie die Äpfel in den Niederlanden. Die dicken Bananenblätter benutzten die Eingeborenen als Brotschieber. Sie kostet die Pampelmuse, die weniger süß schmecke als eine Orange, aber nicht so sauer sei wie eine Zitrone.

Die Ananas hat es ihr besonders angetan: »Wenn man sie essen will, wird sie geschält. Die Schale ist einen Daumen dick. Wenn sie zu dünn geschält wird, bleiben scharfe Härchen daran sitzen, die beim Essen in die Zunge eindringen und viele Schmerzen verursachen. Der Geschmack dieser Frucht ist, als ob man Trauben, Aprikosen, Johannisbeeren, Äpfel und Birnen miteinander vermengt hätte, die man alle gleichzeitig darin schmeckt. Ihr Geruch ist lieblich und stark. Wenn man sie aufschneidet, so riecht das ganze Zimmer danach. Die Krone und die Schößlinge, die seitlich hervorsprießen, steckt man in den Boden, und daraus entstehen wieder neue Pflanzen. Sie wachsen so leicht wie Unkraut. Die jungen Schößlinge brauchen sechs Monate, um zu voller Reife zu gelangen. Man ißt sie roh und gekocht, und man kann auch Wein daraus pressen und Branntwein daraus brennen. Beide sind von herrlichem Geschmack und übertreffen alle anderen.« (13)

Die Würmer, die das Mark des Palmytbaumes bevölkern, braten die Eingeborenen auf Holzkohle und »verzehren sie als delikate Speise«. Doch deren Geschmack beschreibt die Merian später genausowenig wie den der Kröten, die die Schwarzen »für eine gute Speise halten«. Verständlicherweise kostet sie lieber von den vielen Früchten und Gemüsen, den süßen

Kartoffeln und schwarzen Bohnen zum Beispiel. Doch sie betrachtet die Menschen, die solche für einen Europäer absonderlichen Leckerbissen verzehren, nicht mit Ekel und niemals von oben herab. Nie klingt aus ihren späteren Beschreibungen Verachtung. Sie bleibt auch in Surinam ihrem Grundsatz treu, jedes Geschöpf Gottes und seine Art zu leben zu achten.

Das System der Sklaverei findet ihre Zustimmung nicht. Erschüttert, aber voller Verständnis für die Sklavinnen, notiert sie, was ihr die Frauen über den Gebrauch der »Flos Pavonis« zutragen:

»Die Flos Pavonis ist eine neun Fuß hohe Pflanze, sie trägt gelbe und rote Blüten. Ihr Samen wird gebraucht für Frauen, die Geburtswehen haben und die weiterarbeiten wollen. Die Indianer, die nicht gut behandelt werden, wenn sie bei den Holländern im Dienst stehen, treiben damit ihre Kinder ab, damit ihre Kinder keine Sklaven werden, wie sie es sind. Die schwarzen Sklavinnen aus Guinea und Angola müssen sehr zuvorkommend behandelt werden, denn sonst wollen sie keine Kinder haben in ihrer Lage als Sklaven. Sie bekommen auch keine, ja sie bringen sie zuweilen um wegen der üblichen harten Behandlungen, die man ihnen zuteil werden läßt, denn sie sind der Ansicht, daß sie in ihrem Land als Freie wiedergeboren werden, so wie sie mich aus eigenem Munde unterrichtet haben.« (14)

Maria Sibylla Merian empfindet Sympathie für die

Nachkommen der Afrikaner, die zu Beginn des 17. Jahrhunderts in die Kolonie verkauft wurden. Doch ihr Aufruf, die schwarzen Sklaven und Sklavinnen besser zu behandeln, rührt die weißen Herren nicht. Viele der schwarzen Arbeiter fliehen später von den Zuckerrohrplantagen und siedeln im unzugänglichen Hinterland. Diese »Buschneger«, auch Marons genannt, wurden schließlich zu einem Machtfaktor, der den Kolonialisten das Leben schwermachte, bis im Jahre 1863 die Sklaverei endgültig abgeschafft wurde.

Die Indianer, die von den Holländern ebenfalls als billige Arbeitskräfte ausgebeutet werden und die es verstehen, die Naturschätze ihres Heimatlandes zu nutzen, sind nach Meinung der Merian ihren vermeintlichen Herren weit überlegen. Anerkennend notiert sie, wie die Indianer aus Pflanzen wirksame Heilmittel brauen, gegen Verstopfung und Lungenleiden, gegen Würmer und Kopfläuse und zur Wundbehandlung.

Die Kolonialisten dagegen erlebt Maria Sibylla Merian als Ignoranten, die nur an Pfeffer und Zucker denken. Sie haben zum Beispiel »keine Lust«, Weintrauben zu kultivieren, die sich sogar zweimal im Jahr ernten und zu Wein verarbeiten ließen. Sie importieren den Wein lieber aus den Niederlanden. Auch mache sich niemand außer ihr die Mühe, eine Sorte Raupen zu sammeln, die einen Faden spinnt, der zur Seidenherstellung geeignet scheint: »Ich habe deshalb einige gesammelt und nach Holland geschickt, wo sie für gut befunden wurden.«

Auch um den Anbau der Vanille kümmert sich keiner der Siedler: »Dies ist die größte Art der Vanille. Zwei Arten wachsen in Surinam, von denen eine Art in Blatt und Frucht etwas kleiner ist... Dieser klettert die Bäume empor wie der Efeu und hält sich daran ganz fest. Stiel und Blatt sind grasgrün. Die grüne Frucht ist dreieckig wie eine Bohne, voll von wohlriechendem, öligen Samen. Die Pflanze wächst wild an den höchsten Bäumen, doch am liebsten an solchen, die an feuchten und sumpfigen Stellen stehen. Ihre Verwendung in der Schokolade ist bekannt. Es ist schade, daß es keine interessierten Menschen in diesem Lande gibt, die so etwas kultivieren und noch nach anderem suchen, was ohne Zweifel in dem großen und fruchtbaren Land zu finden ist.« (15)

Im Januar des Jahres 1701 brechen die beiden Forscherinnen zu einer Exkursion in ein unbekanntes Gebiet des feuchtwarmen Regenwaldes auf.

Sie entdecken auf einem Baum eine rote Raupe mit blauen Punkten, aus denen Haare in der Form kleiner schwarzer Federn wachsen. Aus der Raupe wird eine »seltsame Puppe«, aus der am 14. Januar ein prächtiger tiefblauer Caligo-Tagfalter schlüpft, den Maria Sibylla fälschlicherweise für einen Großen Atlas hält. Der Baum, auf dem sie ihn gefunden hat, trägt wunderschöne rote, hängende Blüten. Doch selbst die Einheimischen haben für diese Pflanze keinen Namen und kennen auch ihre Eigenschaften nicht. Die Merian wird mit dieser geheimnisvollen Dschungelblüte ihr späteres Surinambuch beenden.

Im Frühjahr des Jahres 1701 erkrankt Maria Sibylla Merian an Malaria, und starke Fieberanfälle zwingen sie, ihre Arbeit im Regenwald einzustellen. Die von Mücken übertragene Malaria schwächt sie so sehr, daß sie nach Holland zurückkehren muß, viel früher als geplant.

Am 11. Juni 1701 trägt sie zum letztenmal eine Beobachtung in ihr Studienbuch ein, bevor sie es wieder einmal zusammenpackt. Später schreibt sie in einem Brief, in dem sie ihr Buch über Surinams Insektenwelt anbietet: »So leicht niemand eine solche schwer kostbare Reise tun wird, um solcher Sachen willen, auch ist im selben Lande eine sehr große Hitze, so daß man keine Arbeit tun kann, als mit großer Beschwerniss, und hatte ich daselbe beinahe mit dem Tod bezahlen müssen, darum ich auch nicht länger allda bleiben konnte, auch sich allda alle Menschen verwunderten, das ich noch mit dem Leben davon bin kommen, da doch die meisten Menschen allda von der Hitze sterben, so daß dieses Werk nicht allein rar ist, sondern wird es auch bleiben.«

Maria Sibylla Merian trennt sich schweren Herzens von diesem Land, das noch so viele Naturschätze birgt. Auf das Segelschiff, das sie nach Amsterdam zurückbringen wird, nimmt sie die Eier der blauen Eidechse mit, die sie gerade in ihrem Haus gefunden hat. Während der dreimonatigen Rückreise schlüpfen die kleinen Tiere tatsächlich, doch sie sterben, weil es an richtigem Futter mangelt.

Der Tod der Eidechsen erscheint fast wie ein Symbol. Denn als sie im Juni des Jahres 1701 das Schiff besteigt, nimmt sie außer den kleinen Eidechseneiern und ihren Aquarellen und Notizen auch einen Wunsch mit an Bord: Sie möchte wiederkommen und weiterarbeiten.

Als Maria Sibylla den Fluß Suriname hinunterfährt, der bald schon in den Ozean fließt, weiß sie nicht, daß dieser Wunschtraum sterben wird – wie die kleinen Eidechsen. Sie wird die Selva nie mehr betreten, und auch die Sommervögel des Regenwaldes werden sie niemals mehr umschwirren. Nur in ihren Bildern werden sie nochmals zum Leben erwachen und sich verwandeln.

Das ganze Werk getan

*Rückkehr nach Amsterdam,
Arbeit an dem Buch über die Insekten von Surinam,
Herausgabe ihres Hauptwerkes,
Lebensabend*

1701–1717

Im Stadthaus von Amsterdam drängen sich viele Menschen vor den Spanschachteln mit tropischen Schmetterlingen und den Zuckergläsern mit den Reptilien, die Maria Sibylla Merian aus dem fernen Surinam mitgebracht hat. Die Ausstellung hat der Bürgermeister der holländischen Hauptstadt angeregt. Nicolaas Witsen gehört zu dem Kreis der Pflanzen- und Insektenliebhaber und Naturwissenschaftler, die die berühmte Forschungsreisende auch in ihrer Wohnung aufsuchen.

Die Merian ist inzwischen in der Spiegelstraat in ein Haus gezogen, dem sie den Namen »Zum Rosenzweig« gegeben hat. Dort zeigt sie den neugierigen Besuchern einige ihrer Zeichnungen, die sie auf den Plantagen und im Regenwald Surinams schuf. Die Herren sind begeistert und drängen sie, die Beobachtungen drucken zu lassen, denn »... sie waren der Meinung, daß dies das erste und fremdartigste Werk war, das je in Amerika gemalt wurde. Die Unkosten, die mit der Ausführung dieses Werkes verbunden waren, haben mich jedoch zunächst abgeschreckt, aber schließlich habe ich mich doch dazu entschlossen.« (16)

Von Anfang an ist für Maria Sibylla Merian eines ganz klar: Die tropische Fülle, die sie erlebt und gesehen, gerochen und gefühlt hat, läßt sich nicht mehr in ein kleines Format pressen. Die üppige Natur und die wunderbar gefärbten Schmetterlinge muß sie »lebensgroß« abbilden, um ihnen gerecht zu werden. Die Künstlerin und die Forscherin in ihr kann und will sich nicht mehr mit dem Quartformat des Raupenbuches bescheiden. Wenn sie ein Buch über die Insekten von Surinam herausgibt, muß es ein Prachtband werden, in Großfolio und »auf bestem Papier«. Sie weiß genau, wie teuer es ist und wieviel Arbeit die großen Kupferplatten machen, die nötig sind, um ein Blatt im Format von circa 70 × 50 Zentimetern zu illustrieren. Zu Recht zaudert sie, aber schließlich nimmt sie dieses ehrgeizige Werk in Angriff.

Wie schon beim Blumen- und beim Raupenbuch ist eines ihrer Motive, dem »Plaisier« der Naturliebhaber zu dienen. Sie möchte ferner erreichen, »daß sie sehen können, was Gott der Herr in Amerika für wunderliche Getiere geschaffen hat«. Ihre Entscheidung für das große Buch gründet aber auch auf einem neuen Selbstbewußtsein und ist von berechtigtem Stolz getragen.

Sie weiß genau, wie »rar« und besonders ihre Beobachtungen sind.

Mit dem gleichen Wagemut und der gleichen Entschlossenheit, mit der sie vor zwei Jahren ihre Reise angetreten hat, wird die 55jährige Frau jetzt ihre eigene Verlegerin. Und eine Verlegerin muß Geld beschaffen. In dieser Absicht schreibt Maria Sibylla Merian am 8. Oktober 1702 einen Geschäftsbrief an den Nürnberger Arzt und Botaniker Johann Georg Volckamer. Sie berichtet ihm, daß sie ein gutes Jahr »nachdem ich wieder aus Amerika kommen bin, mein Werk gemacht und noch mache«. Sechzig Kupferplatten, in der gleichen »Manier« wie im Raupenbuch, plane sie herzustellen, um ein Buch zu drucken. »Denn wann ich das gemalte Werk wollte verkaufen, so ist es wegen der grossen Rarität sein Geld und Reiskosten wert, aber dann kann es nur einer haben, und ... so kostet es viel Geld zu verlegen, wann aber viele Liebhaber wollten einschreiben und bei der Einschreibung das Geld vorlegen, damit ich ohne Schaden könnte bleiben, so dürfte ich es noch wagen. Ich habe auch alle diese Getiere, so in diesem Werk begriffen sind, getrocknet mitgebracht, und in Schachteln wohl bewahrt, daß es von allen kann gesehen werden.«

Die Merianin bietet Volckamer außerdem diese konservierten Tiere zum Kauf an. Der Nürnberger bestellt noch im gleichen Monat 34 Stück und erhält sie von Frau Merian postwendend zugeschickt, nebst einer

Rechnung über 20 Gulden und einem Rezept »vom besten Liquor, da die Liebhaber hier die Getiere innen bewahren«.

In Amerika hat sie Beziehungen aufgebaut zu »Leuten«, die ständig Tiere für sie fangen und ihr zum Verkauf übersenden. Zu den Helfern in Übersee gehört ihre älteste Tochter Johanna Helena, die ihren Mann auf seinen Handelsreisen nach Surinam begleitet und sich irgendwann ganz dort ansiedelt. Auch den Mann ihrer jüngsten Tochter, den »Oberchirurg« Philipp Hendriks, spannt sie für den Präparatehandel ein, der wieder einmal ihren Lebensunterhalt sichert. Hendriks, der als Schiffsarzt arbeitet, und Dorothea Maria haben im Dezember 1701 geheiratet. Wenn der Schwiegersohn nicht gerade auf einer Schiffspassage die Gäste betreut, fängt er am Reiseziel für seine Schwiegermutter Eidechsen und andere Tiere.

Maria Sibylla Merian stürzt sich ab dem Jahre 1702 in die Arbeit für das Surinambuch. Sie hat keine Zeit mehr, lange private Briefe zu schreiben, zum Beispiel an die »Gevatterin« Auer, eine ehemalige Schülerin aus der Nürnberger Jungfern-Company: »Ich wollt gern einen Dukaten darum geben, daß mir einer Flügel könnt machen, daß ich zu ihr fliegen könnt, ich sollte ihr soviel zu erzählen haben, da sie ... sich verwundern sollt, ich hätte ihr schon lange geschrieben, aber es geht mir wie der Pfanne am Fastentag, ich habe soviel zu tun, daß ich es noch aufschiebe ...«

Nach den Aquarellen, die sie sorgfältig in ihr Studienbuch eingeordnet hat, und nach den präparierten Tieren zeichnet Maria Sibylla die Vorlagen, nach denen sie die endgültigen Kupfer stechen wird. Langsam bevölkern sich die Ananaspflanze und der Jasminstrauch, der Mispelbaum und die Palma Christi, der Süßbohnenbaum und die Amerikanischen Kirschen mit Eiern, Raupen, Puppen und Faltern. Über 90 verschiedene Metamorphosen versammeln sich Stück um Stück auf den fremdländischen Pflanzen. Einige Tiere schaut sie sich durch das Mikroskop des Optikers Leeuwenhoek noch einmal genau an. Stimmt es wirklich, daß die roten Punkte auf der Raupe, die sie auf den Guajavebaum setzt, Augen sind, wie der Mikroskopbauer vermutet? Sie teilt diese Meinung jedenfalls nicht.

Die Tafeln, die Maria Sibylla Merian aus ihren Beobachtungen komponiert, sind die Höhepunkte ihres Schaffens. Sie vermitteln Weite und Ferne trotz der naturwissenschaftlichen Exaktheit. Einige Schlangen, Spinnen, Ameisen und Käfer baut sie in die Bilder ein, nur um zu gestalten, sie gehören nicht zu den dargestellten Verwandlungen. Solche Freiheiten hätte sie sich früher, als sie das Raupenbuch verfaßte, niemals herausgenommen. Den Harlekinsbock, das größte Insekt der Welt, schmückt zum Beispiel »als ein Ornament« eine große Zitrusfrucht. Sie wisse jedoch nicht, betont sie, »wo er herkommt«.

Immer stärker ziehen auch andere Tiere und nicht mehr allein die Schmetterlinge Maria Sibylla Merian in ihren Bann. Während sie gerade die Arbeit an dem Buch über die tropischen Sommervögel beginnt, schmiedet sie bereits Zukunftspläne: Wenn dieser Teil erst einmal gedruckt und verkauft sei, »so könnte als dann noch ein Teil gemacht werden von allerhand anderen Getieren als Schlangen, Crocodillen, Leguanen und dergleichen ...« Dieser andere Teil wird nie erscheinen. Nur ihre Tierstudien, die sie in das Buch über die surinamischen Insekten einbaut, geben einen Eindruck, wie schön auch dieser zweite Band hätte werden können.

Nur drei Kupferplatten sticht Maria Sibylla Merian selbst nach ihren Vorlagen. Schmerzlich wird ihr beim Sticheln und Ätzen bewußt, daß sie alle geplanten sechzig Platten nie allein bewältigen kann. Doch sie will das Surinambuch nicht gefährden und beauftragt daher drei Amsterdamer Kupferstecher, die als »berühmte Meister« gelten.

Die Hauptarbeit leisten Joseph Mulder und Pieter Sluyter, die ihre Arbeiten zwar signieren, doch nach den von Frau Merian gelieferten Entwürfen arbeiten. Sicher verlangen die neuen Mitarbeiter einen Batzen Geld, und Maria Sibylla betont später nicht zufällig: »Ich habe keine Kosten bei der Ausführung dieses Werkes gescheut.«

Das Stechen der großen Tafeln erfordert Sorgfalt

und viel Zeit: Im Juni 1703 sind 13 Platten fertiggestellt, im Oktober des gleichen Jahres erst 20 Stück. Im Frühjahr des Jahres 1704 haben Mulder und Sluyter gerade die Hälfte geschafft. Maria Sibylla Merian schreibt dem Nürnberger Arzt Volckamer: »Ich hoffe das künftigen January das ganze Werck getan zu haben, wann Gott mir und den Blaatschneidern (das sind die Stecher) Gesundheit und Leben gibt.« Und wirklich: Anfang des Jahres 1705 liegen alle 60 Tafeln vor.

Während die Kupferstecher gearbeitet haben, hat auch sie nicht geruht. Sie läßt von den fertigen Platten sofort Probedrucke herstellen, um ihre Ausführung zu überprüfen und wenn nötig einzelne Korrekturen anzubringen. Sie läßt Umdrucke machen, die sie koloriert, wobei ihr die Tochter Dorothea Maria zur Hand geht. Gleichzeitig formuliert Frau Merian die erklärenden Texte, die sie zum Setzen gibt. Ähnlich wie in ihren beiden Büchern über die heimischen Schmetterlinge beschreibt sie jedes Tier und jede Pflanze.

Der Amsterdamer Caspar Commelin bestimmt für sie die Blumen, Bäume und Sträucher; seine botanische Fachinformation setzt sie unter ihren Text, den sie diesmal in holländischer Sprache abfaßt. Die lateinische Übersetzung besorgt wahrscheinlich Commelin für sie.

An zahlreichen Stellen flicht Maria Sibylla ihre Erlebnisse in Surinam ein und schildert das Leben der Sklaven und Indianer. Daß sie darauf nicht verzichtet hat, bringt ihrem Werk im 18. und 19. Jahrhundert den Ruf ein, nicht wissenschaftlich genug zu sein.

Um den zukünftigen Lesern die Tropen nahezubringen, wählt sie Größen und Farbvergleiche, die jedem etwas sagen. Sie erinnert an Quitten- und Apfelbäume, an Efeu und Dachwurz, Feigen und Kastanien. Einen »wilden Baum« beschreibt sie beispielsweise so: »Seine Früchte hängen aneinander wie die Perlen an katholischen Rosenkränzen. Seine Blüte ähnelt in der Farbe sehr der Pfirsichblüte. Die Früchte, von denen sieben bis acht aneinanderhängen, sind grün.« (17)

Mit dem ihr eigenen Fleiß und scheinbar ohne Probleme bewältigt und organisiert Maria Sibylla Merian alle diese Arbeiten gleichzeitig. Die Geldbeschaffung dagegen gestaltet sich schwieriger. Im Juli 1704 klagt sie Doktor Volckamer, einem der ersten Subskribenten: »Ich hatte wohl gewünscht, das noch mehr Einschreiber kommen wären, als bis hierher geschehen.« Trotz ihrer Geduld und ihres steten Mühens gerät sie in finanzielle Schwierigkeiten. Das Surinambuch ist ernsthaft in Gefahr. Wahrscheinlich kann sie das Geld für die Kupferstecher nicht mehr aufbringen. Sonst hätte sie im Jahre 1703 wohl kaum – zusätzlich zu ihrer vielen Arbeit – einen Auftrag übernommen, der für sie wirkliche Fronarbeit gewesen sein muß: Maria Sibylla Merian zeichnet Muscheln, Schnecken und Kerbtiere, Mineralien und Versteinerungen aus dem bekannten »Amboinschen Raritätenkabinett«, über das ein Buch erscheinen soll. Sie liefert schließlich 54 große Pergamente, nach denen andere die Kupfer für die Buchillustrationen stechen.

Die Merianin bemüht sich in Holland und in ihrer alten Heimat Deutschland unermüdlich um Vorbestellungen für das »amerikanische Werk«. Ein unkoloriertes Exemplar bietet sie vorab für nur 15 Gulden an, nach der Einschreibungsfrist werde es drei Gulden mehr kosten. Für das »Illuminieren« verlangt sie nochmals 30 Gulden extra. Diese Preise zeigen, wie hoch sie selbst die Arbeit des Kolorierens einschätzt, auf die sie sich ganz konzentrieren kann. Und es sind dann auch wirklich die Farben, die den lebendigen Zauber des Surinamwerkes ausmachen.

Als der Londoner Apotheker und Botaniker James Petiver bei ihr das Raupenbuch bestellt, sendet sie dem Sammler mit dem gewünschten Buch zugleich Probedrucke aus dem Surinamwerk: »Euch brauche ich es nicht zu sagen, daß es ein sehr umfassendes Werk ist, desgleichen noch niemand gesehen hat.« Sie bittet ihn, bei Freunden für ihr Buch zu werben, damit sie sich in »die Liste der Subskribenten« eintragen. Wenn hundert von ihnen das Buch bestellen, könne es auch mit Hilfe ihrer Tochter Dorothea Maria ins Englische übersetzt werden.

Der Engländer bemüht sich und meldet einige Bestellungen nach Amsterdam. Doch weder beim Druck noch beim Vertrieb kommt es zu einer Einigung. Ganz

Geschäftsfrau, legt Maria Sibylla Merian dem Herrn Petiver ein Jahr vor der Veröffentlichung dar, daß sie nicht bereit sei, einem englischen Verleger 50 Prozent Provision zu zahlen, sonst habe sie mehr Verlust als Verdienst. Um die Sorgen möglicher englischer Subskribenten zu zerstreuen, ihr Geld könne verlorengehen, stellt sie einen Ratenkauf in Aussicht: Die ersten dreißig Tafeln und Texte liefere sie für den halben Kaufpreis, die zweite Hälfte des Buches für den Rest des Geldes. Sie muß das Geld wirklich dringend gebraucht haben.

Außerdem will sie auf spektakuläre Weise für ihr Buch in England werben. Sie schreibt an Petiver: »Gleichzeitig erwäge ich, ob es nicht gut wäre, ein sehr sorgfältig gemaltes oder illuminiertes Exemplar mit einer Widmung an die Königin von England zu richten. Ich bitte Euch mir zu sagen, ob das richtig sein würde. Ich meinerseits finde es als Frau verständlich, dies zu tun für eine Persönlichkeit meines Geschlechts; und in welcher Sprache soll die Widmung abgefaßt sein?«

Im April 1705 hat es Maria Sibylla Merian trotz aller Sorgen und Widrigkeiten geschafft. Nach drei bangen Jahren ist das Surinambuch fertig. Unbeirrt hat sie wieder einmal ein Ziel verfolgt und gesiegt: »Das ganze Werk [ist] getan.«

Wie ist ihr zumute, als sie die letzte der sechzig Tafeln in den Händen hält? Empfindet sie Stolz, als sie darauf mit einem letzten Pinselstrich die weißgebänderten tiefblauen Vorderflügel des Caligo-Falters vollendet, der durch die Luft gaukelt und die letzten Blütenblätter leuchtend rot färbt? Sie hat wahrlich einen weiten Weg zurückgelegt – von der ersten Seidenraupe, die sie unbeholfen gezeichnet hat, bis zu der roten Blüte, die sie jetzt vollendet auf das Papier bringt: Es ist die geheimnisvolle Dschungelblüte, die sie im Januar 1701 im Regenwald von Surinam gefunden hat. Nicht einmal der Botaniker Caspar Commelin kennt ihren Namen.

Maria Sibylla nennt ihr neues Buch: »Metamorphosis Insectorum Surinamensium«, die Verwandlung der surinamischen Insekten. Diesmal setzt sie auf das Titelblatt nur noch ihren Namen. Die Autorin beruft sich nicht mehr auf den berühmten Vater, das hat sie nicht mehr nötig. Sie ist nicht mehr nur »Merians Tochter«, ihr Name allein ist jetzt Empfehlung genug.

Das Surinamwerk erscheint nur in Holländisch und Latein. Leider kommt weder eine englische Ausgabe zustande, noch erscheint je eine Fassung in deutscher Sprache. Aus Deutschland haben sich nur zwölf Interessenten eingeschrieben, und die müssen eben jetzt wie Volckamer mit der »lateinischen und holländischen Schrift« vorliebnehmen.

Reich wird die Autorin Merian durch den Verkauf des Surinambuches nicht, aber das hat sie schon lange gewußt, und Geld ist schließlich noch nie die Antriebsfeder ihres Schaffens gewesen: »Bei der Herstellung dieses Werkes bin ich nicht gewinnsüchtig gewesen, sondern wollte mich damit begnügen, wenn ich meine Unkosten zurückbekomme.« Es ist zweifelhaft, ob sie das tatsächlich geschafft hat oder ob ihr nicht eher noch Schulden geblieben sind.

Mit dem großen, in Leder gebundenen Surinambuch erreicht die 58 Jahre alte Maria Sibylla Merian den Höhepunkt ihres Schaffens. Wie fühlt sie sich, als sie den schweren Prachtband in den Händen hält? Vielleicht wie ein Schmetterling, dessen »Veränderung« beendet ist und der seinen Zenit erreicht hat? Doch unausweichlich werden auf den Sommer der Herbst und der Winter folgen.

Maria Sibylla Merian hat eines der ersten naturwissenschaftlichen Bücher über die Tropen und ihren Regenwald geschrieben, dessen Bedeutung erst heute ins Bewußtsein vieler Menschen gelangt, weil diese Schatzkammer der Natur immer schneller verschwindet.*

Das Buch trägt ihren Namen über die Grenzen Hollands hinaus, sie ist jetzt weltberühmt. Sowohl Kunstsammler als auch Fachgelehrte kennen ihre Arbeiten. Der Naturforscher Linné billigt ihr für ihre Arbeit sogar einen Platz unter den »Unsterblichen« zu.

---

* Siehe Nachwort S. 137.

Die gebildete Welt staunt gleichermaßen über ihre abenteuerliche Reise, die dieses Werk erst möglich gemacht hat, und verewigt diese mutige Tat in Lobgedichten:

> Sie stellt sich den Stürmen entgegen,
> Sie trotzt den Fluten,
> Sibylla in Surinam sucht die Natur
> Mit weisem Geist und mit dem Herz eines Helden.
> Es war schon eine besondere Erscheinung,
> eine Frau zu sehen, die Meere überquert,
> um die Insekten von Amerika zu malen.*

Diese ungewöhnliche Frau möchte der Büchernarr und spätere Frankfurter Bürgermeister Zacharias Conrad von Uffenbach unbedingt kennenlernen. Im Jahre 1709 sucht er sie auf einer seiner Reisen im Haus »Zum Rosenzweig« auf. Die 62jährige Merian erlebt er als »gar muntere und sehr höfliche manierliche Frau«, die »sehr künstlich in Wasserfarben zu malen« versteht. Uffenbach kauft Drucke, Zeichnungen und Bücher, darunter das Raupen- und das Surinambuch, die er sich signieren läßt. Sogar dem Frankfurter fällt bei seinem kurzen Besuch auf, daß die Frau Merian »gar fleissig«

---

* Eigene Übersetzung einer Lobrede in einer französischen Ausgabe des Surinambuches, das nach ihrem Tod erschienen ist.

sei. Sie ruht sich nicht auf dem Erfolg ihres großen Buches aus. Eher hat der Erfolg ihr neuen Auftrieb gegeben, so daß sie alte Pläne wiederaufgreift.

Maria Sibylla Merian beobachtet weiter ihre Raupen und füllt ihr Studienbuch mit neuen Beobachtungen. Sie geht zielbewußt eine Fortsetzung des Raupenbuches an. Dafür wertet sie ihre alten Aufzeichnungen aus, die sie auf Schloß Waltha und später in Amsterdam angesammelt hat. Doch trotz Ruhm und Erfolg ist wieder einmal das Geld knapp. Wieder sucht sie verzweifelt Interessenten, die vorab zahlen. Sie wird die Drucklegung des dritten Raupenbuches nicht mehr erleben, für das sie noch zu ihren Lebzeiten an die 50 Kupferstiche vorbereitet. Erst ein Dreivierteljahr nach ihrem Tod wird ihre Tochter für eine Veröffentlichung sorgen.

Sehr eng arbeitet sie nun mit Dorothea Maria zusammen, die gerade ihren Mann verloren hat und als Witwe zur Mutter zieht. Gleichzeitig zu den Arbeiten an ihrem neuen Werk übersetzen Tochter und Mutter gemeinsam das alte Raupenbuch ins Holländische. Das Surinamwerk hat viele Naturbegeisterte auf das frühe Werk der berühmten Merianin aufmerksam gemacht, und sie wird gebeten, »es noch einmal drucken zu lassen, in der Sprache dieses Landes, so daß sie in der Lage sind, es zu verstehen«. Im Jahre 1713 und 1714 geben Maria Sibylla Merian und ihre Tochter im Selbstverlag die zwei Bände des holländischen Raupenbuches heraus. Vor dem Druck hat sie auf dem alten Titelkupfer mit Schaber und Polierstahl sorgfältig ihren ehemaligen Ehenamen Gräffin entfernt, der die Enden der Maulbeerzweige zierte.

Aus Surinam treffen immer noch Lieferungen ein, die Johanna Helena auf den Weg schickt. Die ältere Tochter sichert so den Nachschub für den kleinen, aber lebensnotwendigen Handel. Die Amsterdamer Merian-Frauen verkaufen an den Londoner Apotheker Petiver fliegende Fische und kleine Haie, Knochen und »ein Tier, das an den Schiffen sitzt«. Vor dem Verkauf zeichnen sie die Tiere, da sie immer noch an eine Fortsetzung des Surinambuches glauben.

Bis zum Jahre 1715 erfreut sich die arbeitsame Maria Sibylla Merian guter Gesundheit. Dann erleidet sie einen Schlaganfall. Sie kann nicht mehr richtig gehen und sitzt im Rollstuhl. Dorothea Maria heiratet in diesem Jahr zum zweitenmal. Ihr Ehemann wird der Schweizer Kunstmaler Georg Gsell, der in das Haus der Schwiegermutter zieht, damit sie von ihrer Tochter versorgt werden kann.

Im Haus »Zum Rosenzweig« kündet sich im darauffolgenden Jahr hoher Besuch an. Der Leibarzt des russischen Zaren, der gerade Holland bereist, macht Maria Sibylla Merian seine Aufwartung. Er hat den Auftrag, Malereien und Bücher für Peter den Großen zu erwerben, der die Arbeiten der Merianin bewundert als eine der großen künstlerischen Leistungen seiner

Zeit. Dieser Besuch legte den Grundstock für eine – noch heute erhaltene – umfangreiche Meriansammlung in St. Petersburg.

Das letzte Porträt, auf dem uns Maria Sibylla Merian am Ende ihres Lebens begegnet, ist keine künstlerische Meisterleistung (s. Abb. S. XVI im Bildteil). Den Kupferstich fertigte Jacob Houbraken nach einer Federzeichnung ihres Schwiegersohnes Gsell. Der üppige Faltenwurf des Kleides paßt genausowenig zu ihrem Wesen wie die von der Decke hängende Draperie. Geziert deutet sie mit der rechten Hand auf eine Pflanze. Auf ihren Haaren steckt eine Fontange, ein damals beliebter Kopfputz, für den man Spitzenstoffe auf Draht aufzog. Wer diesen modischen Haarschmuck trug, mußte den Kopf sehr vorsichtig bewegen, denn sonst verrutschte das Gestell und zerzauste die Frisur. Sitzt Maria Sibylla Merian deshalb so steif hinter der Balustrade?

Scharfe Falten um den leicht schiefen Mund und eingefallene Wangen lassen sie krank aussehen. Die dunklen Augen bestimmen ihr Gesicht, das nicht nur verbraucht wirkt, sondern unbeseelt – ganz im Gegensatz zu dem Ölporträt (s. S. VII im Bildteil), das uns Maria Sibylla Merian als junge Frau gezeigt hat. Hier sitzt eine müde Greisin.

Doch alles, was ihr Leben geprägt und ausgemacht hat, ist um die Gestalt angeordnet: die Bücher, die sie studiert hat, das Blatt mit Blumenkranz des Raupenbuches, die Muschelzeichnungen, mit denen sie die Kupferstecher des Surinambuches bezahlt hat, und der Schmetterling, der über der Topfpflanze schwebt. An der Wand hängt das Wappen der Familie Merian, das den Storch mit der Schlange im Schnabel zeigt. Auf einem Bord über der Weltkugel, die an ihre weite Reise erinnert, steht eine Figur der Göttin Athene, der Hüterin der schönen Künste und der Wissenschaft. Sie befiehlt einem Engel, mit seiner Posaune den Ruhm dieser Forscherin und Künstlerin der Welt zu verkünden.

Maria Sibylla Merian stirbt am 13. Januar 1717. Zwei Tage später machen die Behörden ihr Ableben amtlich: Im Totenregister steht sie in der Reihe der Unvermögenden.

Es ist tiefster Winter. Ihr Todestag hätte in keine passendere Jahreszeit fallen können. Es ist die Zeit des Jahres, in der die Insekten überwintern und ihre Eier, Raupen und Puppen unsichtbar im Erdreich oder an Bäumen und Sträuchern versteckt sind. Kein Schmetterling flattert durch die kalte Winterluft. Nur wenige Falter harren in ihrem Unterschlupf aus, mit angelegten Flügeln, totenstarr. Doch wenn Maria Sibylla Merian schon längst in einem Armengrab auf dem Kirchhof beigesetzt ist, werden sie wieder lebendig sein und von Blume zu Blume tanzen, die Sommervögel.

Nachwort

Das Schicksal ihrer Bücher

Nach dem Tod von Maria Sibylla Merian im Jahre 1717 zahlte sich aus, daß Dorothea Maria, die langjährige Mitarbeiterin, auch das Verlegerhandwerk von ihrer Mutter gelernt hatte. Im Herbst des Todesjahres erschien unter der Regie der Tochter der dritte Teil des Raupenbuches in holländischer Sprache. Sie widmete es zu Recht »dem heiligen Andenken« ihrer Mutter, denn das Buch vereinigte alle Beobachtungen an den europäischen Insekten, die Maria Sibylla Merian seit 1683 gemacht, beschrieben und in Kupfer gestochen hatte.

Nachdem Dorothea Maria diese Arbeit hinter sich gebracht hatte, verließ auch sie die holländische Hauptstadt. Sie folgte ihrem Mann nach St. Petersburg, wo Georg Gsell 1719 zum Hofmaler des Zaren ernannt wurde. Sie selbst arbeitete später als Mal- und Zeichenlehrerin an der 1725 gegründeten St. Petersburger Akademie.

Dorothea Maria nahm ihre Hälfte des mütterlichen Nachlasses mit in die neue Heimat. Die heutige umfangreiche St. Petersburger Meriansammlung geht auf sie, aber auch auf die Sammelleidenschaft von Peter dem Ersten zurück (s. S. 130), der für seine Bibliothek viele Aquarelle der Merian zusammenkaufte und das

Studienbuch wohl von der Tochter erwarb. Nach dem Tod des Zaren 1736 holte Dorothea Maria aus Amsterdam noch weitere Arbeiten der Mutter nach St. Petersburg. Sie könnten aus dem Nachlaß ihrer in Surinam lebenden älteren Schwester Johanna Helena stammen, deren geerbte Zeichnungen zum großen Teil über einen Sammler nach England und schließlich in die Royal Library von Windsor Castle kamen.

Die Kupferplatten und Verlagsrechte erwarb der Amsterdamer Verleger Johannes Osterwyk noch im Todesjahr der Merian von ihren Töchtern. Bereits im Jahre 1718 veröffentlichte er eine Gesamtausgabe der drei Teile des Raupenbuches in lateinischer Sprache. Nur ein Jahr später folgte eine Neuauflage des Surinambuches, das Osterwyk durch zwölf neue Tafeln ergänzte, die er nach Originalen aus dem Nachlaß der Künstlerin hatte stechen lassen. Im Jahre 1726 erschien das Werk über die surinamischen Insekten in der dritten Auflage in einem anderen holländischen Verlag, und zwar gleichzeitig mit einem französischen und lateinischen Text. Im Jahre 1730 wurden sowohl das Surinam- als auch das Raupenbuch schon wieder nachgedruckt, wobei der neue Verleger zwei bis drei Kupfer des Raupenbuches auf einem Blatt vereinigte, um ebenfalls einen Prachtband in Großfolio anbieten zu können. Im Jahre 1771 kam in Paris schließlich die letzte der sieben Auflagen des Surinambuches heraus, dessen Kupferplatten – so steht es im Vorwort – ein

Liebhaber von Holland nach Frankreich gebracht hatte, wo sie jahrelang ungenutzt herumgelegen hätten. Auch das Raupenbuch erschien in Paris zum letztenmal.

Nie erreichten die Nachdrucke die Schönheit der von Maria Sibylla selbst verlegten und eigenhändig kolorierten Bücher. Die stattliche Reihe der Neuauflagen nach ihrem Tode bezeugt den großen Eindruck, den das Werk der Merian auf die kunstbegeisterten Zeitgenossen und Wissenschaftler ausübte und der fast ein volles Jahrhundert andauerte. Erst im 19. Jahrhundert geriet es in Vergessenheit, die Arbeiten paßten nicht mehr in eine Zeit, wo eine einseitige, rationale Einstellung zur Natur vorherrschte und das Sezieren und chemisches Analysieren Vorrang hatten. Die Wissenschaftler kritisierten die Verwechslungen, die ihr bei einigen Metamorphosen unterlaufen waren, mokierten sich über falsche Beobachtungen und ihre persönlichen Kommentare und schätzten sie deshalb als Forscherin eher gering ein. Sie übersahen, welche Pionierarbeit die Merian in der Geschichte der Insektenkunde geleistet hatte.

Einige Arten, deren Entwicklung sie vollständig beschrieben hatte, wurden schließlich erst hundert Jahre später bestimmt – vermeintlich naturwissenschaftlicher, dafür aber unvollständiger. Manche ihrer tropischen Schmetterlinge erfaßte man vollständig gar erst um die Jahrhundertwende. Zu Unrecht tragen einige Falter die Autorennamen Linnäus (von Linné, s. S. 66), Cramer oder Stoll. Als Autor gilt schließlich derjenige, der die erste gültige Beschreibung eines Tieres liefert, und das hatte Maria Sibylla Merian mit ihren Zeichnungen und Beschreibungen bereits getan, bevor die Herren, die selbst die tropischen Schmetterlinge nie gesehen noch gezüchtet hatten, ihre Arbeiten verwendeten. Die wirkliche »Autorin« blieb so ungenannt.

Seit Beginn des 20. Jahrhunderts wuchs das Interesse an Maria Sibylla Merians Werk wieder. Eine Rückbesinnung auf Naturgefühle setzte ein, und ihre Texte und Bilder, besonders die Exotik des Surinambuches, begeisterten erneut sowohl die Kunst- und Wissenschaftshistoriker als auch die Forscher und Sammler. In den letzten Jahren führte besonders die Suche nach der verschütteten Geschichte der Frauen in den Naturwissenschaften auf ihre Spuren, da sie eine der ersten Wissenschaftlerinnen war, die noch heute Vorbild und Ermutigung sein können.

Maria Sibylla Merians Schaffen ist aber auch aus einem traurigen Anlaß wieder aktuell: Die Tier- und Pflanzenwelt, die sie in ihrem Werk verewigt hat, droht von der Erde zu verschwinden.

*Regenwald und Sommervögel –
wo sind sie geblieben?*

Es ist eine alltägliche Erfahrung geworden: Die Schmetterlinge werden immer weniger. Wann flatterte uns zum letztenmal ein Schwalbenschwanz entgegen oder bevölkerten Raupen und Puppen die Blumen und Sträucher im Garten? In der Bundesrepublik, in Österreich und in der Schweiz sind schätzungsweise die Hälfte aller Tagfalter vom Aussterben bedroht. Außer dem Kohlweißling darf seit 1980 in der Bundesrepublik keines dieser Tiere mehr gefangen oder gesammelt werden. Bedroht sind inzwischen nicht mehr allein die schönsten Schmetterlinge (etwa der Apollofalter), sondern auch die »Allerweltsarten« wie der Kleine Fuchs oder das Tagpfauenauge. Von den Nachtfaltern steht in Deutschland mehr als ein Drittel auf der »Roten Liste der gefährdeten Arten«. Um alle Tiere zu finden, die Maria Sibylla Merian in Frankfurt und Nürnberg beobachtet und in ihrem Raupenbuch versammelt hat, müßte sie heute wohl durch ganz Deutschland reisen, und wahrscheinlich blieben trotzdem einige Seiten leer.

Was den »Schuppenflüglern« mit dem wissenschaftlichen Namen *Lepidoptera* half, sich 70 Millionen Jahre lang zu behaupten und eine riesige Artenvielfalt zu entwickeln, ist ihre Spezialisierung. Das wird den Faltern nun zum Verhängnis; denn sie brauchen bestimmte Lebensräume und deren Pflanzen, die der Mensch zunehmend zerstört, besonders in den letzten 30 Jahren.

Auf den Mooren, die entwässert und in Äcker umgewandelt oder zum Torfabbau mißbraucht werden, findet kein Moosbeeren-Bläuling eine Moosbeere mehr, auf die er seine Eier legen könnte. Die Futterpflanzen vieler Raupen verschwinden mit den Naß- und Feuchtwiesen, die jetzt Land- und Forstwirtschaft nutzen, oder mit den Heidelandschaften, die den ausufernden Städten weichen. In den Städten selbst sind die Grünflächen selten, pflegeleicht und eintönig geworden, in den Privatgärten verdrängen Exoten die alten, einheimischen Raupenfutterpflanzen.

Je größer die Äcker sein müssen, um noch mit Profit und großen Maschinen arbeiten zu können, um so mehr Knicks, Gebüsch und Brachland verschwinden. Auf Wiesen, die ständig gemäht werden, um das Vieh zu füttern, stehen auf 100 Quadratmetern nur noch sechs bis zehn Pflanzenarten, früher waren es 40 bis 50 verschiedene Kräuter und Gräser! Begradigte Waldränder und aufgeforstete Lichtungen zerstören die gewachsenen Lebensräume, die das »Waldsterben« noch übrigläßt. Der Große Schillerfalter zum Beispiel, der gerne an feuchten, halbschattigen Waldwegen siedelt, findet fast nur noch geteerte Straßen vor. Fichten und Kieferngewächse (besonders Douglasien) verdrängen die für die Holzwirtschaft nicht so wichtigen einheimischen Pappeln und Weiden. Oft siedelt man auch neugezüchtete Bäume an, die zu Todesfallen werden. Der Kleine Schillerfalter und der Große Eisvogel können zum Beispiel die Blätter einer schneller wachsenden, kanadischen Pappelart nicht von der heimischen Pappel unterscheiden. Legen die Falter ihre Eier darauf, aus denen die Raupen schlüpfen, so müssen die Tiere verhungern: Die Raupen können die härteren und dickeren Blätter nicht knacken und fressen. Die Wanderfalter, zu denen beispielsweise der Schwalbenschwanz und das Tagpfauenauge gehören, finden keine Heimat mehr an den Orten, wohin sie mit ihrem angeborenen Instinkt fliegen: Die Autobahn oder neue Häuser sind vor ihnen da. Chemische Gifte, zuviel Dünger und die Insekten- und Unkrautvernichtungsmittel geben den noch überlebenden Faltern, ihren Eiern, Raupen und Puppen schließlich den Rest.

Das Verschwinden der Schmetterlinge ist nicht die Krankheit, es ist das Symptom einer umfassenden Umweltzerstörung. Und deshalb gibt es nach Meinung der *Aktion Schmetterling*, die 1987 entstand, »nichts Wichtigeres, als sich um die Schmetterlinge zu sorgen«, und zwar auch um die Falter in Übersee, in Asien und Südamerika.

Die tropischen Schmetterlinge werden gut verkauft, pro Jahr bringen sie weltweit 100 Millionen US-Dollar ein. Je seltener (und damit bedrohter) eine Art ist, desto höher ihr Preis. Stellen ihnen die Fänger deshalb gezielt nach, so führt dies zu ihrer Ausrottung. Das Sammeln ist jedoch nur der Todesstoß, die Todesursache ist die Vernichtung des tropischen Regenwaldes, ihres Lebensraumes.

Als Maria Sibylla Merian den Dschungel von Surinam im Jahre 1699 betrat, war er eine unberührte Welt. Deren Schätze nutzten die Naturvölker, ohne dem Regenwald zu schaden. Sie ernteten die Früchte aus den Baumkronen und praktizierten zum Beispiel den Wanderfeldbau, damit sich die Erde nach der Ernte wieder erholen konnte. Denn das üppige Grün täuscht darüber hinweg, daß sich der Regenwald in einem anfälligen Gleichgewicht befindet. Er hat keine Nährstoffe im Überfluß, sondern erneuert sich in kurzen Kreisläufen. Nach nur drei Jahren ständiger Bepflanzung wird der Boden für eine Kulturpflanze wie z.B. den Mais unfruchtbar, den Rest des ehemals fruchtbaren Bodens spült der Regen fort, der nur ein verstepptes Stück Erde zurückläßt.

Noch vor 150 Jahren bedeckte der Regenwald, der auch auf das Weltklima großen Einfluß hat, zwölf Prozent der Erdoberfläche; heute sind es nur noch sechs Prozent. Trotzdem wird alle anderthalb Sekunden eine Fläche in Fußballplatzgröße kahlgeschlagen. Experten schätzen, daß in rund 15 Jahren der Regenwald total vernichtet ist, »Optimisten« erwarten seinen Tod erst im Jahr 2020.

Die Ursachen sind vielfältig, eine der wichtigsten ist die rücksichtslose Landgewinnung: Der Dschungel wird einfach abgebrannt, um Weiden für die Viehzucht anzulegen. Das Fleisch der Rinder wird in die reichen Industrienationen exportiert. Erobert wird der Regenwald außerdem auf breiten Schneisen, die riesige Maschinen auf der Suche nach tropischen Edelhölzern reißen. Das Holz wird dann auf den breiten Trassen herausgeschafft und hierzulande zu Möbeln, Fensterrahmen und Gartenbänken verarbeitet. Wo solche Verwertungsinteressen regieren, nimmt niemand Rücksicht auf Mensch und Tier und schon gar nicht auf die Schmetterlinge. Viele warten noch in einem unerforschten Heer von Millionen von Insektenarten auf ihre Entdeckung.

Ob im Umgang mit dem tropischen Regenwald oder den heimischen Äckern, der Schmetterling ist eine Mahnung, radikal umzudenken. Schon der weise Buddha riet seinen Anhängern: »Esset und trinket und befriedigt Eure Lebensbedürfnisse wie der Schmetterling, der nur von den Blumen nascht, aber weder ihren Duft raubt noch ihr Gewebe zerstört.«

Die *Aktion Schmetterling*, die Umweltschutz-Organisationen aus Österreich, der Schweiz, Luxemburg und Deutschland gemeinsam durchführen, klärt über die Gefährdung der Schmetterlinge auf und setzt sich für Schutzmaßnahmen ein. Dazu gehören die Ausweisung von Naturschutzgebieten und die gezielte Pflege oder Anlage von Biotopen, in denen Falter sich wohl fühlen. Neben Projekten, Arten zu erhalten und wiederanzusiedeln, gibt es noch genügend Forderungen an Gemeinden und Politiker, wie sie die Umwelt wieder schmetterlings- und damit auch menschenfreundlicher machen können. Die *Aktion Schmetterling* ermutigt den einzelnen auch, in seinem eigenen Garten die Pflanzen anzusiedeln, die wenigstens einigen Faltern überleben helfen. Alles sei einen Versuch wert, meinen die Umweltschutzverbände, denn »mit den Schmetterlingen stirbt auch der Mensch«.

Die zentrale Kontaktadresse lautet:
Aktion Schmetterling
Im Rheingarten 7
Postfach 30 02 20
D-5300 Bonn 3

Danksagung

Ich danke Dr. Ingrid Guentherodt, Trier, für das anregende Gespräch und die Telefonate und Dr. Margarete Pfister-Burkhalter, Basel, besonders für den interessanten privaten Diavortrag über Maria Sibylla Merian. Rudolf Stübinger, Bälau, hat mich in Schmetterlings-Fragen beraten.

Quellenverzeichnis

Wichtige Werke der Maria Sibylla Merian

Blumenbuch
M.S. Gräffin: Neues/Blumen Buch ... bey Joh. Andrea. Graffen, Nürnberg im Jahr 1680
Günstige *Faksimileausgabe* nach dem von der Merian kolorierten Exemplar der Sächsischen Landesbibliothek Dresden:
Helmut Deckert (Hrsg.): Maria Sibylla Merian, Neues Blumenbuch. Leipzig, Frankfurt/M. 1966/1987

Raupenbuch
Maria Sibylla Gräffin: Der Raupen wunderbare Verwandelung/und sonderbare Blumennahrung..., Nürnberg, Frankfurt/M. und Leipzig, 1679
Der Raupen wunderbare Verwandelung/und sonderbare Blumennahrung/Anderer Theil ..., Frankfurt/M., Leipzig und Nürnberg 1683
Eine Auswahl aus den beiden Raupenbüchern ist in einer preiswerten *Taschenbuchausgabe* veröffentlicht:
Armin Geus (Hrsg.): Der Raupen wunderbare Verwandelung. Dortmund 1982, 1986

Surinambuch
Metamorphosis Insectorum Surinamensium ... ad vivum delineatur et describuntur ... ad vivum naturali magnitudine picta atque descripta per Mariam Sibyllam Merian. Amstelodami, Sumtibus Auctoris ... venduntur et apud Geradum Valk ... 1705
Wertvoller *Faksimiledruck* nach dem Exemplar der Sächsischen Landesbibliothek Dresden:
Kommentarband mit einer Einführung von Helmut Dekkert. Leipzig 1966

Preiswerte, sehr schöne neue Ausgabe:
Maria Sibylla Merian: Das Insektenbuch. Leipzig, Frankfurt/M. 1991

Aquarelle und Studienbuch
Maria Sibylla Merian, Leningrader Aquarelle. Ernst Ullmann (Hrsg.), Leipzig 1974
Maria Sibylla Merian, Schmetterlinge, Käfer und andere Insekten – Leningrader Studienbuch. Wolf Dietrich Beer (Hrsg.), Leipzig 1976
Beides sind kostbare *Faksimileausgaben* nach Originalen aus dem Besitz des Archivs und der Bibliothek der Akademie der Wissenschaften der UdSSR in Leningrad. Die teuren Faksimileausgaben von Maria Sibylla Merians Werken kann man in zahlreichen, großen Bibliotheken einsehen.

Ausgewählte Bücher und Beiträge über Maria Sibylla Merian

Wolf-Dietrich Beer: Zur biographischen und werkgeschichtlichen Bedeutung des Leningrader Studienbuches. In: Wolf-Dietrich Beer (Hrsg.): Maria Sibylla Merian. Schmetterlinge, Käfer und andere Insekten. Leningrader Studienbuch mit Kommentaren. Leipzig 1976, S. 21–36

Helmut Deckert: Maria Sibylla Merians Metamorphosis Insectorum Surinamensium. Begleittext zur Faksimileausgabe. Leipzig 1975

Ders.: Maria Sibylla Merians »Neues Blumenbuch«, Begleittext. *In:* Maria Sibylla Merian, Neues Blumenbuch. Leipzig, Frankfurt/M. 1966/1987, Seite 83–124

Renate Feyl: Maria Sibylla Merian 1647–1717. *In:* Der lautlose Aufbruch – Frauen in der Wissenschaft. Darmstadt 1983, Seite 23–38

Armin Geus (Hrsg.): Maria Sibylla Merian, Der Raupen wunderbare Verwandelung. Dortmund 1986 (2. Aufl.), darin: Nachwort, S. 135–144

Ingrid Guentherodt: »Dreyfache Verenderung« und »Wunderbare Verwandlung«. Zu Forschung und Sprache der Naturwissenschaftlerinnen Maria Cunitz (1610–1664) und Maria Sibylla Merian (1647–1717). *In:* Gisela Brinker-Gabler (Hrsg.): Deutsche Literatur von Frauen, Erster Band. München 1988, S. 197–221

Heinrich Heym: Ihr Zauberwort hieß Surinam. *In:* Lebenslinien – zwölf Schicksale aus einer alten Stadt, S. 41–45. Frankfurt/M. (im Stadtarchiv ohne Jahreszahl)

Henrich Sebastian Hüsgen: Maria Sibylla Merian. *In:* Nachrichten von Franckfurter Künstlern und Kunstsachen. Franckfurt am Main 1780, S. 113–121

Irina Lebedeva: Zur Geschichte des Leningrader Studienbuches. *In:* Wolf-Dietrich Beer (Hrsg.): Maria Sibylla Merian. Schmetterlinge, Käfer und andere Insekten. Leningrader Studienbuch mit Kommentaren. Leipzig 1976, Seite 9–20

Margarete Pfister-Burkhalter: Maria Sibylla Merian. Leben und Werk 1647–1717. Basel 1980 (mit übersichtlicher, ausführlicher Bibliographie)

Elisabeth Rücker: Maria Sibylla Merian 1647–1717. Katalog zur Ausstellung im Germanischen Nationalmuseum Nürnberg vom 12. April bis 4. Juni 1967. Nürnberg 1967 (mit grundlegender Bibliographie und den Briefen der Merian)

Dies.: Maria Sibylla Merian 1647–1717. *In:* Fränkische Lebensbilder Band 1. Würzburg 1967, S. 221–254

Dies.: Maria Sibylla Merian als Wissenschaftlerin und Verlegerin. *In:* Aus dem Antiquariat, Heft 4, S. A 121–A 134/ Beilage zum Börsenblatt für den Deutschen Buchhandel Frankfurter Ausgabe, Nr. 34, 30. April 1985

Dies.: Maria Sibylla Merian 1647–1717. Ihr Wirken in Deutschland und Holland. *In:* Nachbarn, Zeitschrift der Presse- und Kulturabteilung der Kgl. Niederländischen Botschaft Bonn, Nr. 24, Bonn 1980

Dies. und W. T. Stearn: Maria Sibylla Merian in Surinam. London 1982 (mit Briefen)

Friedrich Schnack: Maria Sibylla Merian. Die Reise nach Surinam 1699. Stuttgart 1956

Ingeborg H. Solbrig: »Patiencya ist ein gut Kreutlein«: Maria Sibylla Merian (1647–1717). Naturforscherin, Malerin, Amerikareisende. *In:* Becker-Cantarino. Bonn 1980, S. 58–85

Einige Romane über Maria Sibylla Merian

Gertraud Enderlein: Das ist Merians Tochter! Maria Sibylla entdeckt die Welt. Berlin 1957

Utta Keppler: Die Falterfrau. Heilbronn 1963/1977

Olga Pöhlmann: Maria Sibylla Merian. Nürnberg 1960

Werner Quednau: Maria Sibylla Merian – Der Lebensweg einer großen Künstlerin und Forscherin. Gütersloh 1961

Hildegard und Wilhelm Treue: Maria Sybilla – der Lebensroman der deutschen Künstlerin und Forscherin Maria Sybilla Merian. Berlin 1942

Bücher zur Biologie, Kunst- und Zeitgeschichte

Aktion Schmetterling (Hrsg.): Schmetterlinge. Lebensweise, Gefährdung, Schutz (Informationsmappe). Bonn 1987

Margaret Alic: Hypatias Töchter – Der verleugnete Anteil der Frauen an der Naturwissenschaft. Zürich 1987

Barbara Becker-Cantarino (Hrsg.): Die Frau von der Reformation zur Romantik. Bonn 1980

Josef Blab u.a.: Aktion Schmetterling. So können wir sie retten. Ravensburg 1987

Friedrich Bothe: Geschichte der Stadt Frankfurt am Main. Frankfurt 1913

BUND u.a. (Hrsg.): umwelt lernen – Zeitschrift für ökologische Bildung, Thema Schmetterling. Freiburg, Juni 1987

Alexander Dietz: Matthäus Merian und seine Erben. *In:* Frankfurter Handelsgeschichte, Dritter Band. Glashütten im Taunus 1970, S.120-129

Uwe George: Regenwald – Vorstoß in das tropische Universum. Hamburg 1985

Germanisches Nationalmuseum: Barock in Nürnberg 1600–1750. Ausstellung im Germanischen Nationalmuseum vom 20. Juni bis 16. September 1962. Nürnberg 1962

Cornelia Julius: Die Leute im Hause des Balthasar – Alltagsleben einer Kaufmannsfamilie in Nürnberg um 1700. Weinheim 1984

Michel Terrapon: Der Kupferstich. Genf 1974

Nachweis der Zitate

Nr. 1–4 aus: Maria Sibylla Merian, Schmetterlinge, Käfer und andere Insekten. Leningrader Studienbuch. © 1976 by Edition Leipzig

Nr. 5–17 aus: Maria Sibylla Merians »Metamorphosis Insectorum Surinamensium«, Faksimiledruck und Kommentarband. © 1966 by Insel Verlag Anton Kippenberg, Leipzig

Bildnachweis

Germanisches Nationalmuseum Nürnberg, Kupferstichkabinett: S. IV, V, VI, VIII, IX, XI (oben), XII, XIII, XIV, XV
Öffentliche Kunstsammlung Basel: S. VII
Öffentliche Kunstsammlung Basel, Kupferstichkabinett: S. I, XI (unten)
Universitätsbibliothek Erlangen-Nürnberg: S. XVI

Martin Auer
Ich aber erforsche das Leben
Die Lebensgeschichte des Jean-Henri Fabre
Mit Fotos
Pappband mit Schutzumschlag (80829), 262 Seiten *ab 14*

Tiere sind fähig, Freude und Schmerz zu empfinden; Insekten sind mit erstaunlichen Talenten begabt. Wer sie erforscht, sollte sie nicht wie tote Gegenstände behandeln, sondern ihr faszinierendes Verhalten studieren. Diese Anschauungen prägten Leben und Werk des Naturforschers Jean-Henri Fabre (1823–1915), den Victor Hugo einen »Homer der Insekten« nannte. Lange Zeit vergessen, gilt er heute als Vorbild einer sanften Wissenschaft und eines anderen Umgangs mit der Natur. Fabre, der arm war, verdiente sein Auskommen als Lehrer und Volksbildner. Doch immer wieder zog es ihn hinaus in die Landschaft der Provence, wo er Käfer, Wespen und Schmetterlinge studierte, »ihre Sitten und Handwerke, ihre Kriege und Liebschaften, ihr Privat- und Gesellschaftsleben«. Seine Methode war das geduldige Beobachten unter dem blauen Himmel, beim Gesang der Zikaden. In seinem Lebenswerk, den zehnbändigen *Souvenirs Entomologiques*, verbinden sich wissenschaftliche Genauigkeit und Poesie zu einzigartigen Naturbeobachtungen. Philosophen und Dichter verehrten Fabres Anschaulichkeit, die Schönheit seiner Sprache und sein Staunen über die Natur. Die Biographie von Martin Auer zeichnet seinen Lebensweg und sein Lebenswerk nach, zugleich ist sie ein faszinierendes Fabre-Lesebuch.

Beltz & Gelberg
Beltz Verlag, Postfach 10 01 54, 69441 Weinheim

Charlotte Kerner
Lise, Atomphysikerin
Die Lebensgeschichte der Lise Meitner
Mit Fotos
Pappband mit Schutzumschlag (80742), 136 Seiten *ab 14*
Deutscher Jugendliteraturpreis

Lise Meitner, geboren 1878 in Wien, ging einen Weg, der für eine Frau auch heute noch ungewöhnlich ist. Die »höhere Tochter« wurde eine leidenschaftliche Physikerin und eine Frau, die Gleichberechtigung lebte. Die Nationalsozialisten vertrieben die Jüdin Lise Meitner 1938 aus Berlin, kurz bevor Otto Hahn die Kernspaltung entdeckte. Ihr langjähriger Kollege erhielt für diese weltverändernde Entdeckung den Nobelpreis; ihr Anteil geriet in Vergessenheit. Viele kennen sie nur als »Mitarbeiterin« von Otto Hahn. Dabei gehört sie zu den bedeutendsten Naturwissenschaftlerinnen dieses Jahrhunderts. Albert Einstein nannte sie »unsere Madame Curie«. – Während des Zweiten Weltkriegs lehnte die Physikerin alle Angebote ab, in den Vereinigten Staaten an der Entwicklung der Atombombe mitzuarbeiten. Bis ins hohe Alter – sie starb 1968 – trat Lise Meitner für die friedliche Nutzung der Atomenergie ein. Charlotte Kerner hat in ihrer Biographie zahlreiche, bisher unveröffentlichte Briefe Lise Meitners eingearbeitet.

»Kerner hat die Lebensstationen der Lise Meitner behutsam, sorgfältig und sachlich aufgezeichnet mit der Fähigkeit, in knappen Strichen eine ganze Zeitspanne sichtbar zu machen. Es ist ebenso aufregend wie spannend und beklemmend, unser Atomzeitalter hier entstehen zu sehen.«
Nürnberger Zeitung

Beltz & Gelberg
Beltz Verlag, Postfach 10 01 54, 69441 Weinheim

Charlotte Kerner
»Alle Schönheit des Himmels«
Die Lebensgeschichte der Hildegard von Bingen
Mit Abbildungen und farbigem Bildteil
Pappband mit Schutzumschlag (80841), 224 Seiten *ab 14*

Hildegard von Bingen (1098–1179) war Äbtissin und Heilkundige, Komponistin und Dichterin. Ihre Zeitgenossen sahen in ihr eine Prophetin, doch sie wußte, daß sie »nur ein Mensch« ist. Als Achtjährige kam Hildegard in ein Kloster, wo sie als junges Mädchen das ewige Gelübde ablegte und sich als Benediktinerin ein umfangreiches Wissen erwarb. Mit zweiundvierzig Jahren schrieb sie zum erstenmal ihre Visionen nieder, die von der Kirche offiziell anerkannt wurden. Im Laufe ihres langen Lebens verfaßte Hildegard von Bingen drei große Visionsbücher und eine Natur- und Heilkunde, sie komponierte und dichtete über 70 Lieder und ein Singspiel. Sehr selbständig lebte sie ihren Glauben und erkämpfte sich das Recht, bei Bingen am Rhein ein eigenes Kloster zu gründen.
Mit ihrer kenntnisreichen und spannenden Biographie, die zugleich eine Kulturgeschichte des Hohen Mittelalters ist, zeichnet Charlotte Kerner ein lebendiges Bild einer außergewöhnlichen Frau.

»Charlotte Kerner entwickelt aus spärlichen und widersprüchlichen authentischen Quellen ein differenziertes Lebensbild einer außerordentlichen Frauengestalt und gibt einen anschaulichen Eindruck vom mittelalterlichen Gesellschaftsgefüge.«
Beate Simon, Tagesspiegel

Beltz & Gelberg
Beltz Verlag, Postfach 100154, 69441 Weinheim